大六壬指南

珍本大六壬丛刊

[明] 陈公献【撰】
郑同【编校】

大哉六壬，理数术纯焉。运乎三盘，天地人陈焉。审天门而察地户，凭顺逆以加贵神。四课既定，三传递臻。

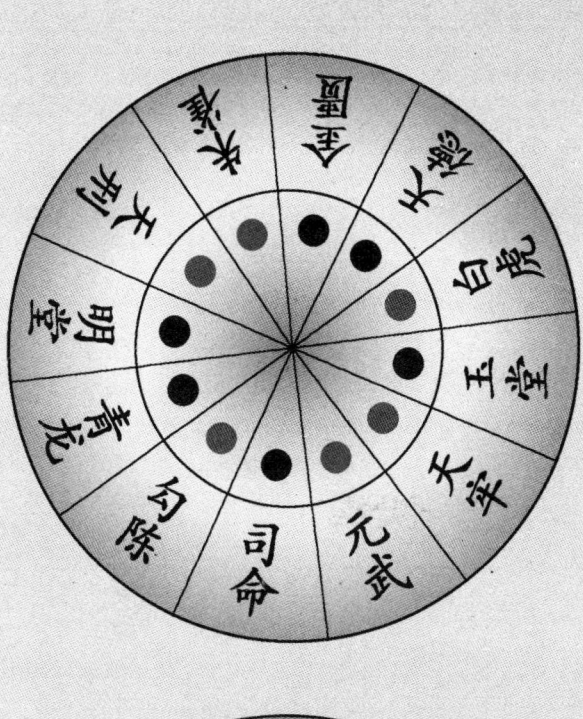

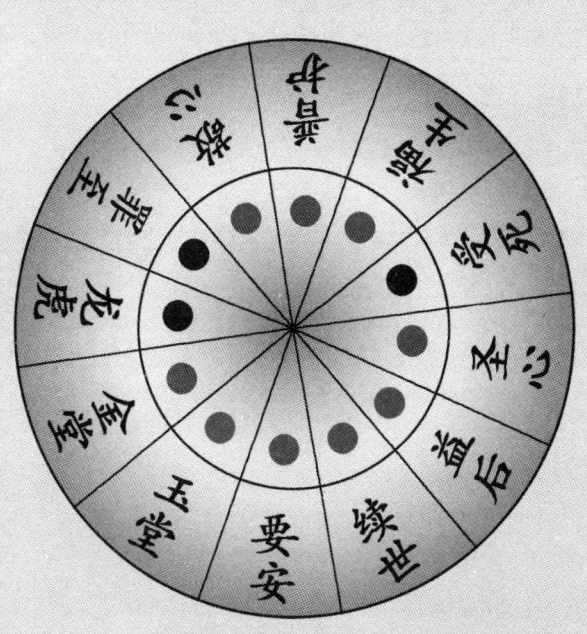

华龄出版社

责任编辑：李成志　张伟晶
责任印制：李未圻

图书在版编目（CIP）数据

大六壬指南／（明）陈公献撰；郑同编校．—北京：华龄出版社，2013.1
ISBN 978-7-5169-0227-1

Ⅰ.①大… Ⅱ.①陈… ②郑… Ⅲ.①占卜—研究—中国 Ⅳ.B992.2

中国版本图书馆 CIP 数据核字（2012）第 279100 号

声明：依据《中华人民共和国著作权法》及《中华人民共和国著作权法实施条例》，本书作者依法享有本书的著作权。未经出版社及作者许可，禁止大量引用、节录、摘抄本书，禁止以任何方式翻印本书。

书　　名：	大六壬指南
作　　者：	（明）陈公献撰　郑同编校

出版发行：	华龄出版社		
地　　址：	北京市东城区安定门外大街甲57号	邮　编：	100011
电　　话：	(010) 58122246	传　真：	(010) 84049572
网　　址：	http://www.hualingpress.com		

印　　刷：	九洲财鑫印刷有限公司		
版　　次：	2013年1月第1版　2024年4月第10次印刷		
开　　本：	710×1020　1/16	印　张：	15.5
字　　数：	230千字	印　数：	30501～36500
定　　价：	28.00元		

版权所有　　翻印必究
本书如有破损、缺页、装订错误，请与本社联系调换

大六壬指南序

世之谈壬式者，靡不自矜神哲，口吐长河，肰①征其应验，不能无相左焉！余潜心此术几二十载，恒叹其奥妙难穷；虽占断之后颇有奇中，每以未获异人指点为歉。凡君子至斯，未尝不造庭相谒，叩其所长。庚寅仲春，因访公献陈君于邗②上。公献纵口而谈，悉本于理；及考其事应，③ 如左券④然。洵当世之管、郭，⑤后起之李、袁、詹⑥欤！因语之曰："与其藏之匮中，无宁悬之国门乎？"公献曰："唯唯。"爰简占验廿余条，与所作之《分门会纂》，播诸梨枣。⑦其所增注先贤之《心印》、《指掌》二赋，易知简能；及公远庄君所著之《神煞图位》，辟讹定误，皆指南捷径，仍因合并梓，公之同好，亦吉凶同患之遗意云尔。噫！斯道久湮，绝学难继，神而明之，则存乎其人矣。

顺治壬辰阳月
新安程起鸾翔云氏
题于白下之崇德堂

---

① 肰，古同"然"。

② 邗，春秋时扬州古称。

③ 事应，事后应验。《新唐书·五行志》："孔子于《春秋》，记灾异而不著其事应，盖慎之也。以谓天道远，非谆谆以谕人，而君子见其变，则知天之所以谴告，恐惧修省而已。若推其事应，则有合有不合，有同有不同。至于不合不同，则将使君子怠焉。以为偶然而不惧。此其深意也。"

④ 古代称契约为券，用竹做成，分左右两片，立约的各拿一片，左券常用做索偿的凭证。后来说有把握叫操左券。此处指陈公献先生的百占百应，非常有把握。

⑤ **管辂**（公元209～256年），三国时魏术士。字公明，平原（今山东平原）人。年八九岁，便喜仰观星辰。成人后，**精通《周易》**，善于卜筮、相术，习鸟语，相传每言辄中，出神入化，被后世奉为卜卦观相的祖师。**郭璞**（公元276～324年），字景纯，河东闻喜县人（今山西省闻喜县），道学术数大师和游仙诗的祖师，风水学鼻祖。

⑥ **李淳风**（公元602年～670年）唐代杰出的天文学家、数学家，岐州雍人（今陕西省岐山县）。**袁天罡**，唐初天文学家、星象学家、预测家，益州成都（今四川成都）人。隋时为盐官令，入唐为火山令。著有《六壬课》《五行相书》《推背图》《袁天罡称骨歌》等。《通志》著录其有《易镜玄要》一卷，久佚。**詹体仁**，北宋理学家，曾从学朱熹于建阳。詹体仁深于理学，除潜经训，属意星历。著有《象数总义》、《历学启蒙》等。

⑦ 梨枣，旧时刻版印书多用杜梨木或枣木，故以"梨枣"为书版的代称。清方文《赠毛卓人学博》诗："虞山汲古阁，梨枣灿春云。"

小引

余初习制举业，先大人谕以八股，投时美技也。然而窥天人奥、崇帝王师，非异书不为功。每有奇闻，辄欣赏之。以故阅九流陈言，间废寝食。一日读三式帙，知自九天玄女，为灭蚩尤，授之轩辕，内六壬更饶繁剧，非九年面壁，莫竟其源，食精蕴可以养性全身，吐余绪可以料敌知胜，上六千百年，周有子牙，越有少伯，汉有子房，三国迄今，仅蜀孔明、明青田而已。岂寻常章句之士，随处不立人哉！

崇祯甲申，督师史元辅羽檄征余，再及而应，置之礼贤前席，题授中州司理，取道淮阴，得逅陈子公献，印证所学，相叹伯乐不常有也。公献以维扬将家子，自祖父及昆季，文苑武虎，著声海内；又生而膂勇，耽习奇技，《太公》、《阴符》诸篇以及黄老之术，了然胸次。向请缨于大司马王霁宇先生，出门上书屯田，见知受任，劳有成效。忽为谗阻，功志未竟，识者惜之。潜究六壬，寒暑不辍；访学燕京，与凉松亭、何半鹤二公齐名。

由是冠盖问奇者，日无虚晷，纵口而谈，无不翩翩奇中。好事者为嘉赏，分类纂编，摘计百数有奇。乞以尽事之概，外《心印赋》、《指掌赋》为之注解，更历试诸经，编成《会纂》一册，并付剞劂，以广其传。加阅《心镜》、《毕法》、《五变中黄》，约而可一，管而能远，指南捷径，无逾于此。此盖迷津之筏、夜行之炬也，精而研之，理入牛毛，响应桴鼓，又奚必泛求诸篇，以兹惑也耶？特为首引。

今上元仲夏谷旦
南州吾弟周元曙龙随氏
题于邗之甓湖社

目　录

大六壬指南序 …………………………………………………… 1
小引 ……………………………………………………………… 2
六壬指南卷一　大六壬心印赋 ……………………………… 1
六壬指南卷二　大六壬九天玄女指掌赋 …………………… 25
六壬指南卷三　大六壬会纂指南 …………………………… 51
　天时 …………………………………………………………… 51
　阳宅 …………………………………………………………… 53
　阴地 …………………………………………………………… 55
　迁移 …………………………………………………………… 56
　香火 …………………………………………………………… 57
　婚姻 …………………………………………………………… 57
　孕产 …………………………………………………………… 58
　疾病 …………………………………………………………… 61
　出行 …………………………………………………………… 62
　行人 …………………………………………………………… 64
　趋谒 …………………………………………………………… 67
　选举 …………………………………………………………… 68
　武事 …………………………………………………………… 68
　仕宦 …………………………………………………………… 69
　求财 …………………………………………………………… 70

买卖	71
占讼	71
隐遁	73
逃亡	73
贼盗	74
田蚕	76
六畜	76

六壬指南卷四 大六壬占验指南　77

天时	77
地理	83
婚姻	84
孕产	85
考试	90
乡试	92
会试	95
仕宦	102
钦差	139
章奏	141
公讼	151
走失	164
贼盗	165
隐遁	166
逃亡	168
兵斗	169
出行	182
行人	183
疾病	187
岁占	195
应候	196
射覆	200

六壬指南卷五　大六壬神煞指南 ………………………… 202

　神煞全图 ………………………………………………… 202

　岁煞 ……………………………………………………… 207

　月煞 ……………………………………………………… 209

　旬煞 ……………………………………………………… 215

　干煞 ……………………………………………………… 216

　支煞 ……………………………………………………… 217

　神煞辨讹 ………………………………………………… 218

六壬指南卷一
大六壬心印赋

广陵陈良谟公献增注
新安程起鸾翔云删定
古歙庄广之公远校正

六壬如人，先明日辰。

六壬运式，先以日辰为根本也。日尊，故曰天干；辰卑，故曰地支。亥子丑应于北方，寅卯辰应于东方，巳午未应于南方，申酉戌应于西方，即地盘也。天干者，甲乙东方木，丙丁南方火，戊己中央土，庚辛西方金，壬癸北方水。入式之法：甲课在寅，乙课在辰，丙戊课在巳，丁己课在未，庚课在申，辛课在戌，壬课在亥，癸课在丑。而不居卯午酉子者，以正位不敢当。故阳干居禄神所在，而阴干居禄神前一位也。

以月将加占时之上，

月将，即日宿太阳也。正月雨水后，日躔诹訾之次，入亥宫，乃登明将也；二月春分后，日躔降娄之次，入戌宫，乃河魁将也；三月谷雨后，日躔大梁之次，入酉宫，乃从魁将也；四月小满后，日躔实沈之次，入申宫，乃传送将也；五月夏至后，日躔鹑首之次，入未宫，乃小吉将也；六月大暑后，日躔鹑火之次，入午宫，乃胜光将也；七月处暑后，日躔鹑尾之次，入巳宫，乃太乙将也；八月秋分后，日躔寿星之次，入辰宫，乃天罡将也；九月霜降后，日躔大火之次，入卯宫，乃太冲将也；十月小雪后，日躔析木之次，入寅宫，乃功曹将也；十一月冬至后，日躔星纪之次，入丑宫，乃大吉将也；十二月大寒后，日躔玄枵之次，入子宫，乃神后将也。每以此值月之将，而加来人所占之正时上，顺布十二宫辰，即天盘也。①

假令正月雨水后，日躔诹訾，乃亥将登明也。如午时，则用亥加午，子

---

① 原尾批：月将随中气而迁，以太阳过宫而得名也。其布于地盘上，于辰为顺，于将为逆。

加未，顺行十二辰是也。余仿此。

视阴阳为四课之分。

天干阳也，干上得者曰"日"。干上阳神为第一课，乃阳中之阳也。地支阴也，支上得者曰"辰"。支上阳神为第三课，乃阴中之阳也。干上阴神为第二课，乃阳中之阴也。支上阴神为第四课，乃阴中之阴也。夫月将加时，则无极而太极也。加时而有天盘动而生阳、地盘静而生阴，乃太极生两仪也。至于干支分而四课布，非两仪生四象乎！故曰："一阴一阳之谓道"，"阴阳不测之谓神"。①

贼克为初用之始，相因作中末之身。

四课既布，则八卦生矣。四课阴阳既具，须求三传以为发用，则以四课上下审之。若有一下克其上神者，虽有二三之上克下不论矣，名曰"重审课"。若四课中并无下克，唯一上神克下，取而用之，名曰"元首课"。重审者，重复审详也。元首者，别无下克而亭亭然有"首出庶物"之象也。俱以所得发用为初传，以初传地盘上所乘者为中传，以中传地盘上所乘者为末传，故曰"相因"也。

克多比用涉害，②

重审不过一下贼，若四课中有二三四下贼者，非审矣。元首不过一上克，若四课中有二三四上克者，非首矣。上克下曰"克"，下克上曰"贼"。今贼克纷纷，则以甲丙戊庚壬为阳日，而用一子寅辰午申戌之神，阳与阳比，虽二三四阴勿论也。若乙丁己辛癸为阴日，而用一丑卯巳未酉亥之神，阴与阴比，虽二三阳勿论也，故曰"比用"也。然又曰"知一"者，何也？盖阳知用一阳爻而不知有阴也，阴知用一阴爻而不知有阳也。若夫阴日只知用一阴，今而有二阴三阴四阴矣；阳日止用一阳，今而有二阳三阳四阳矣，则名之曰"涉害课"。先以寅申巳亥上乘之神为用，则涉之深而建名曰"见机"。盖有害者不可不见机，明哲保身之义也。若孟神上无克贼，则以子午卯酉上乘之神

---

① 出《易经·系辞传上·五》："一阴一阳之谓道，继之者善也，成之者性也。仁者见之谓仁，智者见之谓智，百姓日用而不知，故君子之道鲜矣。显诸仁，藏诸用，故万物而不与圣人同忧，盛德大业至矣哉！富有之谓大业，日新之谓盛德，生生之谓易，成象之谓乾，效法之谓坤，极数知来之谓占，通变之谓事，**阴阳不测之谓神**。圣人仰观天文，俯察地理，中通人事，而作八卦，以类万物之情，以通神明之德。"

② 下克上多，而阴阳多不比日干。上克下多，而阴阳多不比日干。局多同上，取传法亦同上。

为用，此涉之浅而又名曰"察微"。盖见于明者，不可不究其精微，"履霜坚冰"之意也。其中末亦如贼克之相因。①

无克是以遥嗔。

若四课上下全不相克贼，则以日干为主，而与第二、三、四课上神相对较之。若有一上神克日干者，取以为用，名神遥克日，曰"蒿矢课"，以彼能遥伤于我而似矢也。何以"蒿"名之？盖上下相克，力勇而有贼克之称，斯遥远力绵，虽克而犹蒿而已。若无克日干者，则视日干遥克彼三上神矣。若有一上神被日干克者，取以为用，名曰"遥克神"，曰"弹射课"，以我能遥伤于彼而似射也。何以"弹"名之？盖亦因其射远力薄，取象于弹丸而已。如有二克或克二者，亦如比用之法。三传相因，亦如贼克之例。

夫昴星当俯仰于酉上，②

若四课上下既无克而复无遥左日干，则为昴星矣。盖遥克力轻，取象于蒿，取象于弹，况无遥克，而独天盘地盘之酉金作用，其力尤轻之至，而应事则未免明之微矣。故以酉中之昴星为名，言其明之微，虽七星相聚，非至明之目不能辨也。阳日则取酉上所得之神为发用，有日将出而鸡鸣仰首之义也。阴日则取酉下所得之神为发用，有日将暮而虎视俯首之意也。阴则日作中传，辰作末传。阳则辰作中传，日作末传。不惟阴阳迭迁，而终有返本之象也。

若别责取干支之合神。

如四课有首尾相同为三课者，有二三课相同为三课者，名曰"不备"，言四课不全，不完备也。其不备课中，无贼克无遥克，不可以昴星例取。四课昴星，三课别责也。若阳日得之，以天干之合位上乘者取为用神。合者，甲己、乙庚、丙辛、丁壬、戊癸，六合也，无阳尚有动用之机也。若阴日得之，以地支之三合前一位用之，而不用乘神矣，静之机也。三合前一位者，如巳酉丑、亥卯未，酉日用丑，丑日用巳，未日用亥是也。中末不问阴日阳日，并以干上所乘者为之。

伏返以刑冲为定，③

---

① 下克上，或上克下，与日干阴阳皆比。一在干上，一在支上。阳干则初传取于干上，阴干则初传取于支上，亦名涉害。或在干支比，在支者一比一否，外不比者勿论。
② 阳日以地盘之酉，取初传于天盘。阴日以天盘之酉，取初传于地盘。
③ 癸干者，中传从初传逆数，隔二取之。末传从中传逆数，亦隔二取之。故传皆不定。乙干者，中传取看支，末传取中传之所刑。如自刑，法见后。

若诸神归于本位，如子加子、午加午之类，乃伏吟之象也。有克者取克，不过癸乙二干而已。无克者阳日自干上发传，阴日自支上发传，迤逦三刑而为三传也。若初传值自刑，则中传阳日用支、阴日用干，仍取刑为末传也。倘逢中传自刑者，末传以冲神为之矣。夫刑有三者：一字刑乃午刑午、辰刑辰、酉刑酉、亥刑亥，自刑也。二字刑乃卯刑子、子刑卯也。三字刑乃丑刑戌、戌刑未、未刑丑也，寅刑巳、巳刑申、申刑寅也。反吟乃子加午、卯加酉，十二神各临冲射之位也。克之少者重审、元首取之，多则知一、涉害取之。三传初末相同而冲乎中传。若夫丁未、己未、辛未、丁丑、己丑、辛丑，四课无克，乃名"无依"，以支神之井栏冲射上所得之神以为初用，而日支所乘为中传，日干所乘为末传。夫井栏者，丑冲巳、未冲亥也。①

八专以逆顺为真。②

若干支同处一位，则四课中只得二课矣。有克仍从贼克、比用、涉害三法取用，无克不复取遥矣。盖遥者，远也，干支同位何远耶？止用八专之法而用之。如阳日则顺，从干上阳神得三而止；阴日则逆，从支上阴神得三而止，是为发用也。中末二传，概用干上所乘神为之。

天乙居中，后六前五。③

天乙乃贵人也，此神居紫微垣之门，主持上帝征伐，以行令于人间，应己丑之土，有止戈之武，统驭十二神。在天门之前、地户之后则顺行，若居地户之前、天门之后则逆行。其神后有六位，乃天空、白虎、太常、玄武、太阴、天后也；前有五位，乃螣蛇、朱雀、六合、勾陈、青龙也。

解纷必嘱事于童仆，

贵人居子名曰"解纷"，言解除纷纭扰攘也。盖子乃夜半安居之神，故得解去纷扰而坦腹。然既为至贵，日有万机，虽无君象，贵臣宰辅，代天宣化事，亦同天子之劳，恐其繁芜脱漏，故嘱委于有用之童仆，庶不负国瘼民矣。

升堂宜投书于公府。

---

① 寅刑巳兮巳刑申，丑戌相刑未与丑。申刑寅兮戌刑未，子刑卯兮卯刑子，辰午酉亥自相刑。
② 阳日，阴干干上神，起于地盘上顺数，即在地盘上得三而止。阴日，从支上神起，于地盘上逆数，取天盘得三而止，以为用。
③ 贵常土兮合龙木，阴金后水吉神属。蛇朱火兮勾空土，虎金武水凶神属。

贵人居丑曰"升堂",乃本位属己丑故也。升堂则有"泰山岩岩"① 之象,非可私干。必欲见之,宜持书或移文,必以正大光明,然后可于公堂府第见之。

凭几可谒见于家,

贵人居寅曰"凭几"。盖功曹乃案牍碎琐之象,贵人有暇,必亲于典籍也。当此有可乘之机,虽细务亦可相干,可就私第谒之,而非公堂之比也。

登车宜诉词于路。

贵人居卯曰"登车"。卯乃轩车之象,既升车,则非私家,又非公署,若非急紧之事,岂可唐突于贵人之前耶?若误被屈,或遭豪暴,非陈诉于有位之正人,何得雪斯沉辱哉?不得不俯于路而哀达其情也。

巳午受贡兮,君喜臣欢,

贵人居巳午曰"受贡",乃相生助,而非不遂之方。既贡则以贱事贵,以贵下贱,君喜臣悦,忘其授受之私。贡者受者,俱不越度之象也。

辰戌怀怒兮,下忧上辱。

贵人居辰曰"天牢",居戌曰"地狱"。非法之地,必非法之人,而后入之。何贵人而居此乎?文王羑里,亦莫非天所使耳。在上者有此非常之辱,则俯仰于彼者,乌得不忧乎?

移途则有求干之荣,

贵人居申曰"移途"。盖传送乃道路之神,贵人在道嬉戏游衍时也,因而获便,以求其进用之私,乘间而行,必荣遂矣。

列席则有酒筵之娱。

贵人居未曰"列席"。盖未乃夜贵,二贵相会,贵人贵家,故有宴会之象。托贵以干贵,事无不遂矣。

还绛宫坦然安居,

贵人居亥曰"还绛宫",又曰"登天门"。此时六凶俱藏。盖螣蛇朱雀之火而伏于水,勾陈天空之土而伏于木,白虎之金而伏于火,玄武之水而伏于土,且亥乃夜方,日之劳扰者至此而坦然安居矣。

---

① 点校者注:典出《诗经·鲁颂·閟宫》:"泰山岩岩,鲁邦所瞻。奄有龟蒙,遂荒大东。至于海邦,淮夷来同。莫不率从,鲁候之功。"

入私室不遑宁处。

贵人居酉曰"入私室"。盖酉为日月出入之门，有"私门"之号也。夫贵人达而在上，致君泽民，律身行已，自当持以至公，难进易退。趋谒于私门则律己不正，而清论所不容矣，岂遑宁处耶？

但见螣蛇，惊疑扰乱。

前一螣蛇，乃丁巳火神也，主火光惊疑忧恐怪异，盖凶神也。以其离贵人前一位，故曰"前一"也。

掩目则无患无忧，

螣蛇居子曰"掩目"。不惟子水克螣蛇之巳火，而居夜方，有掩目之象。蟠伏栖息之时，其凶焰无所施，无患无忧矣。

蟠龟则祸消福善。

螣蛇居丑曰"蟠龟"，盖丑中有暗禽星龟也。夫蛇与龟姤，亦离坎交济之象，岂复有祸心于人哉？是以祸消。占者修善以立身，斯福不穷也。

生角露齿，祸福两途。

螣蛇居寅曰"生角"。盖火生于寅，荣旺之极；化蛟化龙，此为之基；贪荣不祸，是以为福。螣蛇居酉曰"露齿"。盖火制金乡，猖獗得志之地，且金石空地无食，彼蛇肆毒贪饕，求口腹之计，为祸岂浅？得此者退藏于密可也。

乘雾飞空，休祥不辨。

螣蛇居巳曰"乘雾"。以雾为隐，虽毒目无所见，毒不得肆，占[1]得此者，仍宜避之。盖雾之蒙，彼固目迷矣，而我至此独不迷哉？倘误犯之，为其所噬，悔何及矣。

螣蛇居午曰"飞空"，以蛇飞空，化龙化蜃之象也。彼有此大志，始有此大为，岂复毒人？纵彼不毒，在我仍宜避之，斯不失为明哲。

入林兮锋不可砍，

螣蛇居未曰"入林"。未乃木墓，以土有木，非林之象乎？林麓栖止，既有所蔽，其穴必深，虽有刀锋，无所施其利也。彼螣蛇有此优游之乐，必无肆祸之心，占者无所忌矣。然逢林有蛇，还当莫入。

坠水兮从心无患。

---

[1] 原本作"身"，从他本改。

螣蛇居亥曰"坠水"。蛇能水居，则随波逐流，鱼虾为食，似无横路毒人之欲也。在我则任其往返周旋，岂不从心所欲哉？

　　当门而衔剑，总是成灾。

　　螣蛇居卯曰"当门"。卯乃日月之门，蛇当门，则出门即被其害。然有备者无害也。得此者预为之计，则不待彼奋起而攻其不意。若趋而不顾，斯堕其害矣。

　　螣蛇居申曰"衔剑"。申，金刃之象也。金刃乃斩彼之物，而胡为彼所衔哉？盖火能克金，得以猖獗逞妖，"衔剑"盖异且妖之象。占得者惟退潜而避之，彼凶不能久，妖氛息，而吾复何患哉？

　　入冢而象龙，并为释难。

　　螣蛇居戌曰"入冢"。戌乃火库墓也，有蛇入墓之象。彼深居而简出，吾往过虽不免小心惴惴，而彼非蟠伏路途之比也。

　　螣蛇居辰曰"象龙"。蛇乃龙之从也，有化之机，若入龙之窟，有随进化之义。夫彼贪上达必热于中，岂复深为我患哉？故可释难。

　　朱雀南方，文书可防。

　　前二朱雀，乃丙午火神也，故曰"南方"，主文书、司讼、章奏、口舌之神，火光、怪异。去贵人二位，故曰"前二"。

　　损羽也自伤难进，

　　朱雀居子曰"损羽"。朱雀乃丙午火，而加临水乡，有损羽之象。羽翼不成，进飞必难矣。占得此者，文书无气，而口舌词讼不凶也。

　　掩目也动静得昌。

　　朱雀居丑曰"掩目"。丑亦北方水气之余，制朱雀之火，有投江破头之喻。盖彼既目瞑，吾得有为矣。动静俱吉，无口舌之扰，讼息而文书不行也。

　　安巢兮迟滞沉溺，

　　朱雀居寅居卯，曰"安巢"。盖二木皆火生助之神，且有山林之象。雀至山林，结巢砌垒，育子贪荣。占者所喜，有口舌消亡之义。而曰迟滞沉溺者，盖卜文书章奏之事，则未免之淹滞而沉溺也。

　　投网兮乖错遗忘。

　　朱雀居辰居戌，曰"投网"。辰戌名"天罗地网"，而戌为朱雀火之库，而辰与戌对宫，有丘墓之象，故曰"投网"。夫朱雀之凶，入此不得飞扬，占者之所喜也，故曰"乖错遗忘"，亦指文书之事言之耳。

　　励嘴衔符怪异，经官语讼。

　　雀居申曰"励嘴"。申，金也，朱雀至此能克制其方，得志之处也。励嘴奋啄，所以口舌尤旺也。望文书固有气，而他占则讼诉之象，凶不可免矣。

　　朱雀居午曰"衔符"，古名真朱雀，有非细①之讼，常人之忧也，若士子入场，斯高中矣。

　　临坟入水悲哀，且在鸡窗。

　　朱雀居未曰"临坟"，言其结巢于古墓之象。夫巳午未申俱在上，有飞空而翱翔之义，朱雀得肆时也。主口舌不细，故曰"悲哀"，妻孥乌有不悲者哉？

　　朱雀居亥曰"入水"。火入水乡，有投江之象，乃甚喜矣。凶神无气，何曰哀悲？盖亦指文书动用而言耳。若有急用文词不能得用，亦悲也。

　　官灾起盖因夜噪，

　　朱雀居酉曰"夜噪"。亦火制金乡，得以奋志为恶。其性好乱，便生口舌，得此者必官非不免。又且酉为门户，口舌入门，非官灾而何？

　　音信至都缘昼翔。

　　朱雀居巳曰"昼翔"。以巳未交午，乃白昼之象。雀至此，最为有气，占凶则口舌词讼，占喜则起用文书，望人信息俱至。

　　粤有六合之神，婚姻佳会。

　　前三六合，乃乙卯木神也，主和合、成就、宴会、婚姻。又名私门，以其离贵人三位，故曰"前三"。

　　待命和同，

　　六合居亥曰"待命"。亥乃天门也，我欲成就公私事端，而来天门之下，待命必成，故曰"和同"。

　　不谐惊悖。

　　六合居巳曰"不谐"。盖六合木也，入于火乡，烟灭灰飞，不吉甚矣。凡占忧惧不免。

　　反目兮无礼之事端，

―――――――――

① "非细"，他本作"微细"。

六合居子曰"反目"。子，水也，六合木本相生助，何乃曰"反目"也？盖子卯无礼之刑也。凡事必起于无礼，以致彼此不投而有反目之失。

私窜兮不明之囚地。

六合居酉曰"私窜"。以卯酉为私门，而六合又乙卯之属，以私并私，以门复门，乃出入私门逃窜之象。且六合之木而临从魁之金，木受金伤，故曰"囚地"。重复私阴，故曰"不明"。得此者惟奸淫阴私是利，而正大反殃也。

乘轩结发，从媒妁而成欢。

六合居寅曰"乘轩"，居申曰"结发"。盖寅木乃轩车之象，故曰"乘轩"。申乃庚也，卯乃乙也，乙庚相合，故曰"结发"。以从媒妁之言而有欢成之庆矣。

违理亡羞，因妄冒而加罪。

六合居辰曰"违理"，居戌曰"亡羞"。盖六合本属乙卯，卯辰有六害之凶，故曰"违理"。若临戌，则以己之私门而自就戌，以为六合苟求合会，"亡羞"之似。占得此者，必因自不检约，以招罪愆，非干人之害我也。

升堂入室，并为已就之占。

六合居午曰"升堂"，居卯曰"入室"。午乃离位，似为"升堂"。卯则六合之本位，故似"入室"。二者合于堂、合于室，岂非已就乎？凡占得此，皆可成遂。

纳采妆严，总是欲成之例。

六合居未曰"纳采"，居丑曰"妆严"。六合临丑，乃贵之本垣也。以贱谒贵，妆饰不得不严，所以事上也。居未乃卯未有相合之庆，且太常酒食帛物之乡，似纳采之喜也。占得之者，何事不可成耶！

或逢勾陈发用，必然斗讼争官。

前四勾陈，乃戊辰土神也，主征伐、战斗、词讼、争论、田土之事。以其去贵人四辰，故曰"前四"。

更遇受越投机，被辱暗遭毒害。

勾陈居丑曰"受越"，居子曰"投机"。丑乃贵人之乡，以争神而入贵地，乃受其迈越之讼诉，而勾陈得肆其侮于人也。若至子，乃土能克制之，适所以投其狂妄之机，尤可以展布其奋忿之心。占得之者，亦惟忍而已矣。

遭囚兮宜上书，

勾陈居寅曰"遭囚"。勾陈遇寅，乃克制之方，故有遭囚之象。"宜上书"者，彼凶既囚，而我得以上言，告发其积害成怨之状。若不于此时制之，则过此仍肆虐，而物受其害矣。

捧印兮有封拜。

勾陈居巳曰"捧印"。巳乃铸印之方，而勾陈铸印之模范也。印铸而成，捧以奉上，非封拜之象乎？君子见之，迁擢必速；常人见之，反为可忧。自非有不法等情，何干于印信也？

临门兮家不和，

勾陈居卯曰"临门"。卯本日月之门，而勾陈争斗之神入之，是争神进门矣。必家不和，以致抢攘纷更，人眷非宁，盖亦破败之征矣。

披刃兮身遭责。

勾陈居酉曰"披刃"。以酉金似为凶器矣，况又阴爻肃煞之气，与勾陈之戊辰生合，彼凶斗之神而持此器，岂有善念哉？然非理之举，法所不容，终于遭责。占者惟避其凶可也。

升堂有狱吏以勾连，

勾陈居辰曰"升堂"。勾陈本属戊辰而入辰，非升堂而何？其神主斗讼勾连，故至辰地则有狱吏勾连之应。知机君子，生平无非礼之举，不过因他人之不法而及之耳。

反目因他人而逆戾。

勾陈居午曰"反目"。午火生勾陈，而何曰"反目"耶？以勾陈好斗讼，而午火真朱雀，尤讼之最者也。彼此皆反面相贼之神，孰肯相容耶？故有反目之象。君子占之，必被他人之逆戾，余波以及之耳。

入驿下狱，往来词讼稽留。

勾陈居未曰"入驿"，居戌曰"下狱"。未乃垣途，如驿道也，故曰"入驿"。戌乃地网，又曰"地狱"，况与勾陈之戊辰对相冲射，乃"下狱"之象也，非词讼之往来而何？占者惟退避则吉。

趋户褰裳，反复勾连改革。

勾陈居申曰"趋户"，居亥曰"褰裳"。夫申非门户之神，何以趋户目之？盖申前即酉户也，立此可以入门，故曰"趋户"。至亥而"褰裳"者，亥方夜静更阑，必褰衣而酣息。然曰"勾连"、"反复"者，申为坤地户也，亥为干天门也，门户之前，何立此等凶神？君子至此，即返而抽身，稍迟则被彼勾执矣。

青龙财喜，虽主亨通。

青龙前五，甲寅木神也，主财帛米谷、喜庆亨通。十二神中，惟此神最吉，增福解祸。以其去贵人五位，故曰"前五"也。

在陆蟠泥，所谋未遂。

青龙居未曰"在陆"，居丑曰"蟠泥"。未近南离之火，故为"陆"。丑近北坎之水，故为"泥"。夫龙飞于九天，潜于九渊，神变化而莫测也。若失地，亦厄且困矣。蟠于泥，在于陆非失地而何？欲望其遂也难矣。

登魁兮小人争财，

青龙居戌曰"登魁"。戌乃河魁也，以青龙之吉神而入网罗之地，则小人争财之象矣。由财喜之神落此，所以致小人之争也。

飞天兮君子欲动。

青龙居辰曰"飞天"，以辰乃龙庭也。而曰"天"者，戌亥子丑象地在下也，辰巳午未象天在上也，故曰"飞天"也。青龙吉神，飞腾在上，君子有为之时也，非欲动乎？

乘云驱雷，利以经营。

在寅曰"乘云"，居卯曰"驱雷"。寅乃青龙之宫，有乘云出入之象，古谓"云从龙"也。卯乃震卦，震为雷也，龙得云雷，非经营之时乎？故驱雷乘云而得以施为展布。

伤鳞摧角，宜乎安静。

青龙居申曰"伤鳞"，居酉曰"摧角"。申乃阳金，酉乃阴金，金能克木，青龙之甲寅所深畏也，至此有退鳞折角之象。吉神遭厄，岂福佑于我也？惟安居守静而已。

烧身掩目，因财有不测之忧。

青龙居午曰"烧身"，居巳曰"掩目"。以青龙之木，得水为喜，而见火为仇，巳上入蛇穴，尤为不吉，故有"掩目"之象。午乃南离真火，故曰"烧身"，青龙有此不足，尚可赖之为财神欤？若求谋财物，则有莫测之忧矣。

入海游江，因动有非常之庆。

青龙居子曰"入海"，居亥曰"游江"。盖俱水也，青龙得水，何吉不生？

吉福斯民，占者动则有非常之庆矣。

后有天后之神，蔽匿阴私之妇。

后一天后，壬子水神也，主阴私暧昧之事，蔽匿秽污之神，性似柔而实刚。以其后贵一位，故曰"后一"。

守闺治事，动止多宜。

天后居子曰"守闺"，居亥曰"治事"。天后妇人之象也，壬子乃天后之本家，故象守闺阁也。亥乃乾健自强不息之地，有治事持家克勤之道也。二者动止相宜，得其道之正也。如当旺相，其庆深矣。

倚户临门，好淫未足。

天后居酉曰"倚户"，居卯曰"临门"，以秽污之神而入卯酉之私门，非淫奔之象乎？除奸私之外，而正大之举反见为殃。

褰帷伏枕，非叹息而呻吟。

天后居戌曰"褰帷"，居午曰"伏枕"。盖戌土克水病之象也，且戌昏黑之时，有"褰帷"之象；午乃昼长午寐之时，故曰"伏枕"。二者皆卧而不快，故曰"叹息"、"呻吟"，非病即事不遂也。

裸体毁妆，不悲哭而羞辱。

天后居巳曰"裸体"，居辰曰"毁妆"。壬子遇巳，有露暴之伤，刑克之地，故曰"裸体"。辰为水之克贼，天后至此而毁妆，形体裸露而见伤，毁妆易容而不饰，非羞辱而何也？占得此者，悲灾必矣。

优游闲暇，盖因理发修容。

天后居寅曰"理发"，居申曰"修容"。平旦而早起，理发时也；申晡而容残，妆褪时也，故有"理发"、"修容"之义。二者非不遂也，且水与木金不克，故主优游闲暇，乐其平和也。

悚惧惊惶，缘为偷窥沐浴。

天后居丑曰"偷窥"，居未曰"沐浴"。以天后之子与丑六合也，有私匿之情，窥之恐人知，是以"偷窥"。未有井宿，而壬子水入之有浴之象，浴则畏人至矣。二者皆有惧疑之心，故曰"悚惧"、"惊惶"。

太阴所为蔽匿，祸福其来不明。

后二太阴，辛酉金神也，主阴私、蔽匿、奸邪、淫乱、暗昧不明，又为冥冥中之默助。以其后于贵人二位，故曰"后二"。

垂帘则妾妇相侮，

太阴居子曰"垂帘"。子正北也，端门向明垂帘，昏夜无见，所以妾妇居阴位，得肆其慢上之心而欺侮之，不过群小别地生非而已。

入内则尊贵相蒙。

太阴居丑曰"入内"。丑乃斗牛之墟，天乙贵人之位也，至尊而受此阴蒙，则蔽其明矣，乱之始也，君子必谨焉。

被察兮当忧怪异，

太阴居戌曰"被察"。盖太阴之辛酉与戌六害，且河魁刑狱之方，非被纠象乎？欲饰其非，则愈怪且异矣，故当忧也。

造庭兮宜备乖事。

太阴居辰曰"造庭"。夫辰乃龙庭也，且与酉合，而太阴之妖媚，必与天罡相得；然彼刚之眷宠必夙，亦水常无也，乌得不争宠而乖变哉？

跣足脱巾，财物文书暗动。

太阴居寅曰"跣足"，居午曰"脱巾"。盖寅方平旦晨起之时，有跣足之象；午则长昼昼眠，亦必有脱巾者矣。然太阴之金能克寅木为财，而午则朱雀反制太阴，二者乃财物文书，俱暗中动也。

裸形伏枕，盗贼口舌忧惊。

太阴居亥曰"裸形"，居巳曰"伏枕"。亥乃夜深就榻，有裸形之象；而巳则克制太阴，必伏不起，乃有"伏枕"卧病之义，并主忧疑口舌盗贼。盖巳乃螣蛇，主口舌惊恐；亥乃玄武，主贼盗忧疑也。

闭户观书，雅称士人之政。

太阴居酉曰"闭户"，居未曰"观书"。酉乃太阴之本家，阴好静，故"闭户"。未乃离明之次舍，土金生养，故有涵泳优游之象。二者安且吉也。

微行执政，偏宜君子之贞。

太阴居卯曰"微行"，居申曰"执政"。卯乃私门，必袒裸之象，以入之，非微行乎？申乃太阴之旺地，得志行权之所，有执政之象焉。君子占之，非阴神之比时，当微行也，持以贞一之操；或当执政也，亦持以贞一之操而已。

玄武遗亡，阴贼走失。

后三玄武，乃癸亥水神也，主贼盗阴私、走失遗亡、兵戈抢攘。以其后天乙三位，故曰"后三"。

撒发有畏捕之心，

玄武居子曰"撒发"。子乃夜半，其睡未醒，而子鼠乃虚惊之神，况玄武贼神，自多怀疑，被惊而夜起，有撒发之象，怀畏捕之心，不过虚疑不害耳。

升堂有干求之意。

玄武居丑曰"升堂"。丑乃天乙贵人之位，土能制水，玄武不能行盗，以礼谒见，实怀穿窬之心，有所干求，不以实对也。

爱寅兮入林难寻，

玄武居寅曰"入林"。寅卯山林之地，盗贼有所凭依，捕者难于追寻，非穿窬得志乎？

愁辰兮失路自制。

玄武居辰曰"失路"。辰土能制玄武之水神也，至此非失路之象乎？盗贼消亡，君子坦腹之时也。

窥户也家有盗贼，

玄武居卯曰"窥户"，盗贼入门之象，亦惟谨之于预而已。

反顾也虚获惊悸。

玄武居巳曰"反顾"。巳乃昼方，非盗贼之利也。纵无人追逐，亦必反顾，既无追者，岂非虚惊也？

伏藏则隐于深邃之乡，

玄居亥曰"伏藏"。亥乃夜方，又属玄武本位，深邃之象，捕贼者必难获也。

不成必败于酒食之地。

玄武居未曰"不成"。未乃土也，克制玄神之水，所以欲盗不成。又未，太常之家，酒食之地，必因酒而败，盗易获也。君子之庆，小人之忧。

截路拔剑，贼怀恶攻之而反伤。

玄武居午曰"截路"，居酉曰"拔剑"。午乃天地之道路，故取象于"截路"。酉阴金剑锋之象，故曰"拔剑"。贼势至此，猖獗已甚，岂宜攻之？攻之必反伤矣。

折足遭囚，贼失势擒之而可得。

玄武居申曰"折足"，居戌曰"遭囚"。申乃坤土，制玄神之水，且昼方，贼所深畏，有"折足"之象，刚金斩贼也。戌乃地狱，又土克水，故曰"遭囚"。二者贼失利矣，故捕盗贼者擒之最易。

太常筵会，酒食相奉。

后四太常，己未土神也，主筵会酒食、衣冠物帛，又曰安常吉庆之神。以其后天乙之四位，故曰"后四"。

遭枷必值决罚，

太常居子曰"遭枷"。土值水乡，有崩陷之象；又子未六害，以害而陷，有枷锁之象，所以必值决罚。

侧目须遭谗佞。

太常居寅曰"侧目"。寅木克制太常之土，有虎豹在山之势，而太常之土何敢与为敌耶？况未羊逢虎，受其制伏，敢怒不敢言，亦惟侧目而已矣。尚畏有谗佞于傍潜之，则凶仍不免。

遗冠也财物遭伤，

太常居卯曰"遗冠"。以冠裳之神而入私门，有冠不正之象，故曰"遗冠"。然何以曰"财物遭伤"？太常亦主财物衣帛，主失去者，以土被卯木之克也。

逆命也尊卑起讼。

太常居戌曰"逆命"。未与戌相刑，且河魁为狱网之凶，故曰"逆命"。未在上，其位为尊；戌在下，其位甚卑，二者相刑，非尊卑相讼乎？

衔杯受爵，不转职而迁官。

太常居申曰"衔杯"，居丑曰"受爵"。申为传送，太常酒食之神，二义详之，似"衔杯"矣，庆冠裳之象，而非转职之吉乎？丑乃天乙之宫，以太常而拜至尊，非"受爵"乎？故曰"迁官"也。

铸印捧觞，不征召而喜庆。

太常居巳曰"铸印"，居未曰"捧觞"。太常为印绶之神，见巳火乃铸印之位，公器非征召不用也。未乃太常之位，宴会之宫也，捧觞酬酢有喜庆也。

乘轩有改拜之封。

太常居午曰"乘轩"。午乃天地之道路，乘轩之象也。又立南向北，面君之义，故有改拜之封，君子大庆也。

佩印有用迁之命。

太常居辰曰"佩印"。辰乃天罡首领之神，而与太常印绶并之，乃佩印之义，必主迁除。

亥为征召，虽喜而必下憎。

太常居亥曰"征召"。亥乃天门，有征召冠裳之象；但未土在上，亥水在下，水必惮土之克也，故虽喜而下憎也。

酉作券书，虽顺而防后竞。

太常居酉曰"券书"。太常之未土生从魁之酉，金得助于魁则锋刃成功，宜书之左券，有何不顺耶？但酉金强自刑其方，终有后竞，勿以身贵而贱人，勿以独断而违众则吉。

白虎道路，官灾病丧。

后五白虎，庚申金神也，主道路、刀剑、血光、官灾、疾病、死亡，至凶之神也。以其后天乙五位，故曰"后五"。

溺水音书不至，

白虎居子曰"溺水"，居亥亦然。白虎喜山林，主道路，今溺陷于水，则道路不通，不凶矣。盖至凶之神而陷没，有何不利？勿以道路阻而音不达为忌。

焚身祸害反昌。

白虎居午曰"焚身"，居巳亦然。在彼白虎之金，固所畏忌，而占者反昌矣。何则？白虎丧凶血光之神，既已焚身，何能为患？

临门兮伤折人口，

白虎居卯曰"临门"，居酉亦然。白虎守卯酉之门，则一家惊惧不宁矣。轻出无备者，莫不为之噬矣，故伤折人口也。

在野兮损坏牛羊。

白虎在丑曰"在野"，居未亦然。丑未田野之象，白虎在此固似无威，而丑中之牛，未中之羊，为虎所噬，贪哺啜无复凶矣。

登山掌生杀之柄，

白虎居寅曰"登山"，其威自倍。仕途占之，当有生杀之重柄。常人占之，凶不可当。

落阱脱桎梏之殃。

白虎居戌曰"落井"。戌乃地狱，吉神入之则占者必凶，凶神入之则凶焰猥衰，不复孔炽，占者不被其殃。往返无虎截路，犹桎梏之脱也。

衔牒无凶，主可持其喜信。

白虎居申曰"衔牒"。申乃白虎之本宫，彼贪其巢穴之荣，而无复肆噬之心，故有喜信可持。而曰"衔牒"者，传送乃往来之神，牒信之象也。

咥人有害，终不见乎休祥。

白虎居辰曰"咥人"。辰山有尸，乃虎噬尸，既曰"咥人"，岂复有吉祥于人耶？得此凶占，亦惟避之而已矣。

天空奏书之神，以天乙尊者无对。

天空后六，戊戌土神也。其神无形无影，由正对天乙至尊，即空亡也。由无敢对至尊而虚其位，故曰"天空"，专主诈伪不实。曰"奏书"者，言惟执书以奏，则此片时可对至尊耳。

神虽所主休征，必察卦名之义。

元首象天，重审法地。象天者先喜而后忧，法地者先迷而后利。

象天者，上位之动用也。法地者，下位之动用也。以其上克下，故先喜后忧。以其下贼上，故先迷后利。

知一则得一为宜，

比用卦，又名"知一卦"。知一不知其它，惟一得则永得也。

见机则不俟终日。

涉害之深者曰"见机"。不俟终日，言机贵速时者，难密而易失也。

遥克所卜难成，

遥克者，神遥克日曰"蒿矢卦"，日遥克神曰"弹射卦"，二者皆力不雄也，故所卜难成，观蒿与弹之意自明。

别责所占罔济。

四课不备而无遥曰"别责"，尤无力之甚也。故凡占罔济，不过利守而已矣。

冬蛇掩目，虚惊而终不伤人。

昴星卦有螣蛇发用，曰"冬蛇掩目卦"。既曰掩目之蛇，则人得而害彼，彼不得而害人，不过虚凶不成实害也。

虎视转蓬，出外而稽留不起。

昴星卦有白虎发用，曰"虎视转蓬卦"，既曰虎视，则凶不可当，即犹蓬转而避之可也，出外必稽留不回。

伏吟任信宜用静，去盗非遥。

伏吟，刚日自任卦，柔日自信卦，主静也。逃去之人及盗贼失物，俱不远也。贵顺支前一位寻之，贵逆支后一位寻之。

返吟无依则复旧，往来不一。

返吟来去不定，故曰"无依"，无依倚也。凡事不定，且主于远。

八专之意，不宜男子波波。帷簿之名，不利妇人嘻嘻。

八专卦支干同位，内有怨女，外有旷夫，故曰"帷簿不修之卦"，多淫泆之意也。

龙首累逢，君命恩赐频加。

太岁、月建、月将、贵人，同为发用，曰"龙首卦"。君子则有恩命出自天子，常人利见大人。

龙战屡见，改革灾祸不定。

卯酉日辰，行年发用，又值此者，名"龙战卦"。不问君子常人，俱主更革，灾祸不一。

官爵改拜升迁，

驿马发用，名"官爵卦"，主改拜升迁。常人得之，反摇动不宁。

富贵增财吉庆。

贵人发用，主增财喜庆，君子常人皆吉。

斫轮铸印，官职须迁。

卯加申发用曰"斫轮卦"，戌加巳发用曰"铸印卦"。有官者必迁，无官者反不能当，而有官非口舌。

高盖乘轩，鼎席必致。

午卯子三传，曰"高盖乘轩卦"，亦同斫轮、铸印断。

芜淫主琴瑟不调，

夫干也，妻支也，上神互克干支名曰"芜淫卦"，主夫妻异心。

泆女必渎乱太甚。

初传天后，末传六合，更传见卯酉，曰"泆女卦"，主淫奔不正。

是知三交为藏匿,

子午卯酉仲神,全见于三传曰"三交",主藏匿阴私不明之人。盖此神皆五行之败气,主人昏晦,收留此人,异日不利。

九丑定灾殃。

乙己戊辛壬日,更得四仲相并,而又大吉加仲上,曰"九丑卦",主占者家长有灾。

斩关不利安居,波波不定。

罡魁加干支上,更得六合青龙,名"斩关卦",主不能安居而奔波不定。

游子不遑宁处,碌碌无常。

辰戌丑未全四季在三传本静,而丁神驿马入之,曰"游子",主动而碌碌奔波不免。

天狱忧刑罪责,

凡用神囚死,更天罡加日本之上,曰"天狱卦",主官非口舌刑罚及身。

天网囚系灾伤。

凡时与地支并克天干而发用,曰"天网卦",词讼必遭囚系,常占多主病凶。

悬胎主隐匿,藏怀为胎孕,

寅申巳亥全在三传,曰"玄胎卦"。主隐慝藏怀,或为胎孕。

赘婿主伏潜,屈辱或相将。

支辰加天干之上,被克为用,曰"赘婿卦"。主屈身于人而支辱,必依栖于人而相傍。

无禄之名,是上骄而下弱。

凡四上克下,曰"无禄卦"。上皆得意故骄,下皆受制故弱,无禄犹无路,最凶之占也。

绝嗣之意,乃下逆而上伤。

凡四下克四上,曰"绝嗣卦"。下皆得志而逾逆,上皆受制而全伤,尤凶之甚也。

又为励德以动摇为意,

贵人当卯酉之上,曰"励德卦",贵人不自安而动摇也。

乱首以悖逆为心。

日加辰而被辰克，曰"乱首卦"，悖逆之象也。

稼穑定自微而至著，

辰戌丑未全在三传，曰"稼穑卦"。土有生物之功而日渐增长，故自微至著。

曲直必福善而祸淫。

三传亥卯未，曰"曲直卦"。为福者愈增其福，有祸者愈益其祸，乃木日渐长象也。

巳酉丑俱逢，则伤情革故，

三传巳酉丑全者，曰"从革卦"，主革故鼎新之象。且金乃破物之神，主刑伤之凶也。

寅午戌全见，则意欲成亲。

三传寅午戌全者，曰"炎上卦"，主气焰熏天，上进之象，而急于进用，有相亲傍之义焉。

缘夫润下之道，惟宜施惠于人。

三传申子辰全者，曰"润下卦"，主恩泽下流。惟宜施惠于人，不可独利而招尤。

凡断吉凶，占从将意。

大抵功曹为用，木器文书；

功曹，寅也。寅乃木神，功曹乃奏书之神，故主文书。

传送加临，行程信息。

传送乃邮驿之象，故主信息行程。

太冲盗贼及车船，从魁金银与奴婢。

辰为斗讼，兼主丧亡，

天罡主斗争词讼，亦名"天牢"，又名"天罗"，主死亡。

戌为欺诈，或称印绶。

天魁主欺诈，亦名地狱，又主印绶之神。

登明征召，太乙非灾。

胜光火怪丝绵，

午主光明怪异，又主丝绵布帛。

神后阴私妇女。

子水天后之宫，主阴私不明，事干妇女。

未为衣物筵宾，

小吉乃太常之宫也，主衣冠、物帛、筵会、宾客。

丑号田宅园囿。

大吉土神，主田宅园囿之事。

大吉小吉会勾陈，因田宅而争讼。

丑未主田宅，见勾陈斗讼之神，必因争田宅而起讼。

从魁河魁乘六合，为奴仆之逃亡。

酉主婢，戌主奴，乘六合之私门，乃奴仆逃亡之象。

文宜青龙不战，武欲太常无争。

文看青龙为类神，武看太常为类神。旺相相生必吉，上下克战则凶。

登科者禄马扶会，

登科者，禄神驿马临于干支之上，富贵干支乘禄马是也。马主前程远大，禄乃临官之神。

不第者刑害俱并。

三刑六害，并临干支之上。刑主有缺，害主阻隔难成。

投书宜虎勾无气，

投书献策，见上贵也。若白虎勾陈无气，自然无阻也。

捕贼欲玄武相侵。

捕贼以玄武为类神，若玄武临克地，自然得捉也。

若候雨占风，须看青龙白虎。

白虎主风，青龙主雨，有气旺相，有风有雨；囚死空亡，风雨必微。

若迁官进职，宜观天吏天城。

寅为天吏，卯为天城。若加年命相生，必主变。

动望行人，观二八卯酉之限。

占东南行人，以酉为中途，子上神为至期。若西北行人，以卯为中途，午上神为至期。

21

追逃亡盗，捕四六玄武之阴。

占捕盗贼，看玄武之阴神上，所得何神，便知其在何处，捕之必获。

失伴必详胜光而可见，

胜光在日前则向前追必见，在日后则稍等立见矣。

亡财则察玄武而可寻。

失财物以玄武之阴神上见，乃知方所，寻之必获。

此皆略举其纲要，在智者临时而审情。

若夫旺气求就官职，相气经营利禄，囚气囚系呻吟，死气死亡悲哭，休气病疾淹延，详在囚时丘墓。

旺气发用利求官，相气发用利求财。囚气发用，讼则囚系呻吟。死气发用，病必死亡哭泣。休气发用，疾病淹缠。若日墓同之必凶。

相加孟仲，万事新鲜。季上逢之，互为故旧。

孟仲之神发用主新事动，季神发用为旧事矣。

欢欣在旺相之中，悲哀在死囚之处。

旺相发用皆主喜，休囚发用皆主忧。

凡见火加水上，亡遗口舌非宁。

乃巳午临亥子也，火乃朱雀主口舌，水乃玄武主亡遗。

火入金乡，淫泆奸邪未息。

火则螣蛇朱雀，金乃白虎太阴，淫泆奸邪，皆太阴为火所逼致也。

水加土位逢财，若在火宫迁职。

水加土上受土之克则为财，水加火上受水之克则为官。

木逢水则流落他乡，

以木之少而见水多，有水多木漂之象，故曰"流落他乡"。

水遇土则人财散失。

水加土上，木为财而主散失者，亦水为玄武之位也。

金居火上则病疾死亡，

金加火上，白虎入朱雀螣蛇之位，故主疾病死亡也。

土临木地则田宅讼起。

土加木，乃勾陈受制之象，故主因田宅争斗而兴词讼。

金加火位，中传有水无妨。

若金加火为发用，而中末见水，则有救矣。

火入水乡，末得镇星复喜。

若火加水上为发用，而中末有土则不凶矣。

贵人顺行，凶将少降祸殃。天乙逆行，吉将聊施恩惠。

天乙贵人，顺则凡事顺，逆则凡事逆。顺贵，虽凶将降祸必轻；逆贵，虽吉将赐福不重。

逢灾遇恼，上下皆凶。招利求祥，始终俱吉。

三传中全无吉将吉神者，灾恼并见。三传中全吉者，主招财利，可求吉祥。

凶神刑害，灾祸连绵。吉将相生，欢欣不已。

三传中凶将更乘刑害，灾祸愈重。三传中吉将更生助者，喜庆愈多。

凶神和合，逢灾不至深危。吉将逢伤，赐福终非全美。

三传中凶将见生合，虽凶不甚。三传中吉将见伤克，虽吉不甚。

日辰有彼此之殊，神将有尊卑之异。

日干为自己，支辰为他人。贵神在上尊，月将在下卑。

辰来克日，诸事难成。日往克辰，所谋皆遂。

支辰来克日干，乃我受人制也。日干去克支辰，乃人听命于我也。

男逢灾厄，须以日上推穷。女遇迍邅，但向辰宫寻觅。

日干又曰天干，故看男子之灾祥。支辰又曰地支，故看女人之祸福。

先凶后吉，终成喜庆之征。始吉终凶，终见悲哀之兆。

初传凶，末吉，终于吉也。初传吉，末凶，终于凶也。

初刑末位，灾来果必无轻。末克初传，有祸须知亦小。

先贤以时作先锋，占万事皆可以推。

若乃披刑则侵欺诡诈，乘马则摇动迁移。

时作支，刑子刑卯之类，乘马主动摇也。

冲支冲干，彼己不遑宁处。同辰同日，尔子蹇滞迟疑。

时冲干己不宁，时冲支彼不宁。同辰彼蹇，同日我蹇。

时日相生，迭为恩惠。生克其辰，灾祥居第。

时生日，下报上；日生时，上惠下。时生支宅吉，时克支宅灾。

所以遇子遇午，若往若来。值卯值酉，为门为户。

子午天地之道路也，往来之象。

更宜视以用及传终，又可察其生及畏惧。

大抵克多则事繁，克少则事一。

涉害比用主繁，元首重审事一，克者动也。

鬼临所畏，当忧而不忧。财在鬼乡，闻喜而不喜。

因财而变鬼祸矣。

神将互克，占及夫妻。同类来伤，事因兄弟。

鬼乃夫也，鬼动事起夫。财乃妻也，财动事起妻。比肩爻动，事起兄弟朋友也。

财遇天空兮，产业须伤。鬼临旬尾兮，官灾不起。

财爻乘空，求妻财不得也。官爻空有，官非不妨也。

吉神临凶卦之中，无咎争之道。恶煞临吉卦之内，无欢欣之理。

煞虽恶，生我则其喜终至。将虽良，克我则忧难不已。

如虎勾生我，其力尤雄。龙合克我，其凶亦至。

凶神无吉也，合干则讼休。吉神无凶也，克日则祸起。

与日合，虽朱雀之口舌亦休。

更若识其通变，举一隅而不复三矣。

六壬指南卷二
大六壬九天玄女指掌赋

广陵陈良谟公献增注
新安程起鸾翔云删定
古歙庄广之公远校正

九，天数。玄，天色。女，阴象。《黄帝阴符》亦如此解，言阴与之符也。故：九天之数，以玄女名，包于阴而阴与符合意。《赋》敷其事而直言，言一见而始终无余蕴也。

六壬通万变之机，大为国而小为家。日辰定动静之位，日为人而辰为事。

变即穷、变、通、久之变机，发动所由也。家国要从地盘分野处看。若单论家宅则惟在支上看可也。

月将加时，局图顺节。日二课而辰二课，合成四象。生主和而克发用，义法三才。

日上神为太阳，日阴为少阳。辰上神为太阴，辰阴为少阴。阴阳生合比和处吉凶之端倪不露，惟于相克处一逗杀机而吉凶遂尔见形。盖不杀不成其为生，而取克，正所以观五行相生之妙也。

上克为元首，理势顺而百事攸宜。

上天下地，天克地，理势皆顺，故百事宜。

一下贼为重审，人事逆而谋为不利。

地克天是下凌乎上，故逆。

二三克贼，知一总名。神将凶而祸不单行，神将吉而福祥双至。

如二三克贼，则看克处与本干有益无益而福祸之来可决矣。

用孟名曰见机，当因时以致宜。仲季号为察微，事未萌而预料。克贼重重，比用涉害，用辰主外灾害己，用日主我祸延人。

涉害取地盘孟仲季发用，涉四孟乃见机课，涉仲季为察微课是也。涉害比用复等，则刚用日比，柔用辰比。盖人我以支干分，日上发用乃我先发端，辰上发用是人先发端也。

蒿矢神遥克日，二克主两事而合为一事。弹射日遥克神，一克主一端而分作两端。

日止一日，克有两克，是两事合来作一事。一克互观自见，二课若见金土二煞，为有镞有丸，能伤人也。

昴星如虎对立，视俯仰以卜远近之忧危。

俯视忧近，仰忧远。杀气至酉而盛，故将曰太阴，俯仰皆以酉位言，阴阳无克乃从至阴处讨出消息来也。正君子履霜之渐多忧惧之时也。

别责如花待时，合日辰以定人事之巧拙。

课名不备，事属有待，如花待时象可知矣。玩别责字言尊见端于此，而成就于彼之义也。

八专士女怀春，一名不修帏箔。

凡阴阳施化以别，而神今干支同位，阴阳不分，主客未辨，故取象若此。

丁巳辛同丑未，井栏射主灾深。

井栏射亦主前途忧危。

伏吟任信，用刑而做事忧疑。

诸课有加临皆可信任，独伏吟上无加爻，止堪自立主张，尽多忧疑之兆。

反吟无依，迭传而事多反复。

无依谓十二神各居冲位，无可依倚，主反复不宁也。

凡上克则事起男子，或属他人。若下贼则事由女人，或因自己。

大凡克处是动机，上克动在客在阳，故为男子为他人，下贼反观可知。

将克神为外战，灾自外来。神克将为内战，祸由内起。

将谓月将，神即贵神。将克神相战在外，神克将相战在内。灾外来是因彼而有克也。祸内起以其克加于我也。

用在日前事情已过，用居日后事起将来。日辰发用应在今时，辰日刑冲事成恍惚。年月节旬发用，事应年月节旬。

如甲课在寅，则卯为后而丑为前。盖前为已往，后为未来故也。日谓今日，辰主十日言，日干发用，事应在今时。凡日寄辰，辰仰于日，要合德禄比合相生，乃为足贵。刑则人情不美，冲则反复不宁，故事多恍惚也。年主一年，月主一月，节主半月，作气字看。如立春为节，雨水为气，节字论气，非无谓月也。此二句论克应之理，最为绝妙。方朔克应歌云：起岁年华问，逢蟾月里寻，占旬旬日应，值日日前辰，气动蟾分体，候来旬折身，诸门从此起，万类若通神。苗公云：七位克应诀，季神总用同，墓中见的实，吉凶取合冲，阴阳分墓绝，七位应须通。又云：看发用是何季之神，如见寅卯，则应在辰月辰日辰时，如见巳午，则应在未月未日未时，故言与日同也。

吉神旺相事皆吉，凶神旺相事必凶。

旺气求官吉，争财相气亲，死言丧祸起，囚动见官刑，休来忧病患，五气仔细寻。此皆以克日论也。吉凶二神，谓三传日干年命兼岁月建正时来方支辰上神，非搜尽此十一处也，须要视何处生我克我，还是生我者多，克我者多。助我生者多或助我克者多，生我者得地，还是克我者得地，宜详察。

已上九门定式，次观附卦加临。日临辰而受克为乱首，主行悖逆之道。

如庚午日申加午，是日临辰而辰克之。

辰临日而受克为赘婿，不能自立其身。

如庚寅日寅加申，是辰临日而日克之。夫日寄于辰，今反克辰，是自家竟无安顿处矣。

辰临日而生日名自在，有恢拓之志。

辰来生我，可云安享。

日临辰而受生名俸就，有荣显之机。

我就他生，一何荣显。

日临辰而生辰名历虚，主无措之语笑。

我去生他，他为脱气。

辰临日而受生名归福，主福履之来崇。

辰是我所履之境，加我之上，而与我合体生辰，岂非福履之崇乎。

同类相加，同谐和合。

培植和合，言比肩之妙。

日辰交生，名为脱骨，主彼我舒情多实。

日辰交克，号曰芜淫，主内外疑忌生猜。

交生不认我而认人，故为脱骨，乃相信之诚也，交克反看。

传课皆在年月日时名天心，忧不成忧而喜中加喜。

三传不离四课名回环，吉不全吉而凶不全凶。

天地大化不离是在天之心也，名回环，意不宜占捧散事。三传所以变化，四课不离殊少变动之意，故吉凶不全。

三上克为幼度厄，腐绳维臣室之象。

三下贼为长度厄，越海无舟楫之形。

凡长幼课看发用才官父子何如，是财则伤财，余可例推。又看余一课，或是上克必主上下不安争斗。若生日干则凶可解，上下相生凶亦稍解。

四上克为无禄主孤单，得救神亦能免祸。

四下贼为绝嗣主贫苦，虽吉将到底成空。

救神如三传年命有一处生干即是，若四下贼，则是我所遇皆仇敌，吉将其奈我何。

日辰见辰戌又发用为斩关，阳逃亡而阴主伏匿。

辰戌动神，中传更遇寅字为天梁，主万里飞腾，故阳日为逃亡。阴日为伏匿，总无踪迹可寻也。凡传遇寅卯未，干乘贵阴合，为天地独通，出行吉。

贵人临卯酉分前后为励德，庶人吝而君子亨通。

视干支阴神，如立贵人前是小人恃势当强。如阳神立贵人后是君子谦冲当进。此励德之卦。盖日阴辰阴为卑，不合妄居于前。日阳辰阳为尊，不合退居于后也。

天乙在卯酉立私门，名微服而各怀异志。

天乙来临主入门，日辰阴阳俱后存，即此是为微服象，惟利阴私。贵后存，谓居贵人后，卯酉为日月门，阴私之象，惟利安居，不利有为。

夫妇若年神交相克，作芜淫，主琴瑟不调。

夫妇年若相克，日神更与日辰互克，乃乖戾之象。

用卯为龙战，用酉为虎斗，主思改而忧疑不定。

凡卯日发用，行年又在卯上为龙战卦，虎斗仿此。盖卯日阳气南出，阴气北入。酉日阳气北入，阴气南出，阴主刑杀，阳主德生，相战于门，故名。主事疑惑，反复不定。

后合为泆女，合后为狡童，主厌魅而男女有淫。

卯为六合私门也，酉为太阴私户也。凡卯酉作传，而前见天后、后见六合，为阴往求阳，非泆女而何？前见六合，后见天后，为阳往求阴，非狡童而何？

三传四孟名曰玄胎，非怀孕则有移旧更新之意。

四孟五行生地，故曰胎。玄，水色黑，言方胎于中，男女未分，不可见也，主事有根蒂，日渐长进之意。如入胎于母腹，铸成五官之象，所以说移旧。

三传四仲谓之三交，加日辰则主隐匿罪人之名。

凡仲日四仲相加一交，有克发用二交，课传又见阴合，三交卦也。子午卯酉所藏乃乙丁己辛癸五阴干，阴为刑，偏阴无阳，故太公立课将五阴干移于四季，正此谓也。盖四仲当阴干之旺，如乙禄到卯，丁己禄居午，则极气盛矣。而五阳干生于四孟者，以四仲为沐浴败地，是这仲位刑旺而德衰也。若课传年命全逢乎此，诸事不吉，故武侯云：德气在内，刑气在外之日，不可出兵。

四仲亦名二烦，主杀伤而更遭刑讼。

凡太阳加仲，斗系丑未为天烦。太阴加仲，斗系丑未为地烦。是天地大小吉之气俱为天罡所伤，而太阳加仲是德为刑也。月宿加仲刑气大旺，故主杀伤狱讼之象。如斗不系丑未名杜传，德在内刑在外，凡占利静不利动。

四季名为游子，乘天马而将欲远行。

四土是游行之地，天马是游行之象，故名游子课。不止远行，凡事主游移不定，踪迹无凭。

用天马而中卯末子名为高盖，主公卿爵位。

正月午为天马，卯天车，子华盖，私见大人之象。

卯发用而中戌末巳号曰斫轮，为印绶俱全。

卯加庚辛，木就金雕，中传戌，又是辛之寄宫，末传巳火炼辛金，而金又断卯木成器，且戌中辛金得巳火，又为铸印，而戌又为印绶，所以说印绶俱全，爵禄崇高之象。

　　戌卯为铸印乘轩，驷马六合而升官爵。

　　丙辛合为铸印，卯戌合为乘轩，驷房星谓卯也，如卯发用升官之兆。

　　若逢真破，得罪于帝王之象。害气交加，远涉有江湖之患。

　　凡刑冲破坏皆谓之破，于仕宦则为得罪，于贾人则为江湖之患，以卯为舟车故也。

　　时逢太岁作贵人兼发用而乘月将，名时泰，有赐宝升官之庆。

　　日时月建会青龙而用岁气作初传，名富贵，主利见大人之征。

　　天乙发用，又日辰月建名青龙，岁支作天乙是为用岁气，言一时而诸吉臻合也。

　　四离前一日为天寇，利居家而不利远行。

　　四绝前一日为天祸，事体绝而又复重兴。

　　分至前一日为四离，已非远行吉兆，那堪月宿极阴，玄武阴私重加，故主遇盗贼。四立前一日为四绝，乃阴阳交卸之日，那堪立绝互交，是乘权卸肩，两不得力，所以主事体绝而复兴。

　　四时前孤后寡，或值旬空，苦楚无依。

　　闭口旬尾加首，乘玄发用，病危讼失。

　　如寅卯日，当春之时，则巳为孤丑为寡，若无别吉象，则为孤寡课。闭口有二格，如玄武加天地盘，六甲合此成两般。病逢闭口则不进饮食，讼逢闭口则枉屈难伸。

　　时克日而用又助之，名曰天网，有死丧之危。

　　用死囚而斗加日本，名曰天狱，主囚系之灾。

　　时用克日为天网，如春占，甲干，用土金死囚神，而辰复加日本亥，则木之根本受伤，运用不旺，囚系可知。

　　上下旺相为三光，始终迪吉。

　　神将顺布为三阳，作事皆成。

　　用旺相一光，吉神临用二光，干支当令三光。用旺相一阳，日在天乙前二阳，贵顺三阳，忌克破刑冲害。

　　传见六仪，病将瘳而狱囚出。

三奇发用，疑惑解而喜气生。

旬首发用为六仪，子戌旬中奇在丑，申午旬中奇在子，寅辰旬中奇在亥，丑为玉堂，鸡鸣于丑而日精备。子为明堂，鹤鸣于子而月精备。亥为绛宫，斗转于亥而星精备。

用起天魁为伏殃，有杀伤之厄。

传虎死神为魄化，主死丧之忧。

用乘丧魄，健者衰而病者死。

传起飞魂，家有咎而人有灾。

天魁正酉逆四仲，非河魁也。死神正巳顺十二，是虎乘死神加日主死，加辰主丧，有吉可解。丧魄正未逆四季，飞魂正亥逆十二。

卦曰始终，视神将玩克战以方知。

课名新故，用刚柔察死生而始见。

始终要兼旺相休囚，细细推寻，然亦就三传说，三传原该本事始终，或始克终生，或始生终克，或始生终墓，或始墓终生，皆始终之义。视神将者，神将以生我为吉，不生则虽吉将亦减力。凡阳干发用得阴为故，得阳为新。阴干发用得阳为故，得阴为新。阳主生事之方生而未艾也，阴主死事之已去而不乘权也。死生即得令不得令义。

八迍立见忧危将至，五福必主福禄骈臻。

八迍五福，不是定然八件五件。八是阴数，一切恶神凶将克贼日辰兼带刑害者，是阴惨之极，故名。五乃天之中数，极阳明之象，如传逢生旺贵人日德，即有凶亦解救矣。

若顺相加之卦，传列巳申亥寅。

春玄胎者，生意已萌于中。夏励阳者，机关略见于外。

秋占四牡驱驰不息，冬占全福行止亨通。

凡三传顺加，以巳上加申起算，四孟是五行长生之地，顺加则水火木金各就所生，是四生之神复各居长生之位也。如春令寅木乘权，勾萌甲坼，生意方蒙，乃生生之始也，故曰胎。四孟至于夏则生气日长日盛，曰励阳者，谓阳气盛中伏衰，君子当勉励勿纵，犹退藏意。秋时生气渐微，杀气渐盛，且言申位何为传送？天地之化至七月是生杀之转关，是送往迎来之会也。盖巳为海角，巳酉丑三合为宽大，坤为马，即四牡，即传送也。以申加巳行宽大之地，正驱驰不息意。至于冬万物归根，四生各归生处，是全福而无害，行止有不亨快者乎？

四仲相加，子卯午酉。

春占关隔，若羝羊之触藩。

夏占观澜，似游鱼之吞饵。

秋占四平，逢望弦晦朔，名曰三光不仁。

冬占匿阳，时遇日月辰戌，号为四门俱闭。

四仲乃四败地，以卯加子算，四仲相加在卯为阴不备，以日出于卯离太阴也，在酉为阳不备，以日入于酉离太阳也。在子一阳初复，阳气不壮，在午一阴始生，阴气不壮。玩课体名义，重阴互换，知无一吉占矣。春曰触藩言为阴所缚，进退不得自如。观澜意同，盖午生于寅，败于卯，前见辰是水库，乃观澜而不敢进意。弦月渐进，望月已满，晦月既尽，朔月初生，重阴相加，又逢弦望晦朔，更加四仲天官，如六合太阴，总是阴翳之象，故曰三光不仁。日月，卯酉也，四仲相加更卯酉上见辰戌总是阴阳闭塞意。又子乃一阳初生，今加于酉方，向闭塞之路，那见生机，故云匿阳。

四季相传，丑辰未戌。

春稼穑而生长以时，夏游子而漂流不定。

秋地角据一隅而忘天下，冬五墓舍朝市而守丘墟。

稼穑者，以辰加丑起算，为顺土生万物故在春为稼穑，且辰加于丑，土气乍开，生生之虑初动。又土盛于夏，乘巳午之生，有千万里之势，故云游子。至秋则土气渐衰，生物之功灭矣，曰据一隅而忘天下，便与夏之通达不同，四土皆库独以冬为墓者，休囚故也。

若逆相加，势情为悖。三传亥申巳寅，六合一名六害。

春亢毓有始勤终怠之形，夏洪钧秉中正权衡之象。

秋含义而无中生有，冬待庆而暗事将明。

逆相加谓以亥上加申起算，六合六害在加处见。寅盛于春已毓矣。又值亥生则毓之太过，故曰亢毓，且亥加于寅为休气用事，故云始勤终怠。寅加于巳，木火通明，是为洪钧，巳加于申，正火旺于夏，亨嘉之会，谓之中正权衡，固宜申金断制为义。巳加申是金生于巳，含义之意，故曰无中生有。申加于亥，天乙生水，得申金之光相涵相生，是为将明，从此而春、而夏、而秋，生长万物之庆皆为有待。

四仲逆传，子酉午卯。

春占陷井，如鸟投笼。夏占正烦，若牛受刃。

秋失友，既散离而复合。冬出渐，名阴极而阳生。

四仲以酉加子起算，则皆相逆，为五行死地，如金库于丑，则酉死于子，余可类推，投笼正表其象。正烦或作二烦，以日宿月宿临四仲分，日受刃则生气尽矣，金主杀，酉加于子为泄杀气，气既衰故为失友。酉未为离隔之神，加于一阳初生之地，为阴静而阳复，乃离而复合之象。

逆传四季，丑戌未辰。

春占越库，散财不以其道。夏日转魁，委任不得其人。

秋杀墓势将兴而将起，冬伏阴机渐收而渐藏。

四季以辰加未起算，春季辰土受未中乙木之克，是发越库财已散矣，曰不以其道者，顺则合道，逆则不以其道也。戌为天魁，中藏辛金，夏季未土木库加戌，而为戌中辛金所克，又戌为火库泄木之气，是木转魁上，为委托非人也。戌火库，丑金库，火加金则杀金，金阴象，原伏而不动，遇火炼之，将有发越之势。丑金库，辰水库，丑加辰则金水相涵，象重阴，又子见母，故云收藏。

若顺相合，理势自然。

申子辰为润下，以和顺为义。

寅午戌为炎上，以发达为名。

亥卯未为曲直，当举直错枉。

巳酉丑为从革，宜革故鼎新。

三传稼穑，田土稽留。

子为水，申为生地，辰水库，自申而子而辰，理势自然，有不和顺者乎？甲乙日为生气炎上，顺其次序，自然烈焰弥天，与和顺同解。更得驿马真位，为倚权，利奏对也。凡木之生，先曲后直，举直错枉，正去徇向直意。金有革故之义，才言革故，自有鼎新之势。凡占得四土，虽当作稼穑，须玩顺逆，

33

玩四时，参上文方备耳。

　　子辰申为出奇，自新改过。

　　午戌寅为间魁，舍窦从庭。

　　卯未亥为合纵，彼我各怀其忿。

　　酉丑巳为献刃，远近俱被其伤。

　　辰申子为呈斗，玩阴阳于天象。

　　戌寅午为顶墓，会消息于方舆。

　　丑巳酉为藏金，因事而韬。

　　未亥卯为从吉，待时而动。

　　若逆三合，事主乖违。

　　辰子申为循顺，贵勿躐等。

　　戌午寅为就燥，行合中庸。

　　未卯亥为正阳，遵发生之意。

　　丑酉巳为法罡，防肃杀之威。

　　四土逆行，尚宜守正。

水局逆行言勿躐等者，欲其以顺正之也。火不顺则燥，故正之以中庸。玩"遵"之一字，言当依木生生之理而毋毗乎阳也。罡杀气，金逆而杀气愈盛，故肃杀宜防。土能生金，若逆生恐犹未出于正，故特用戒之。

　　子申辰为仰玄，守凝寒之困。

　　午寅戌为正义，显朱夏之形。

　　卯亥未为先春，未萌先动非时过。

　　酉巳丑为操会，已过受时岂失宜。

　　申辰子为间十，聚秀气于怀中。

　　寅戌午为华明，彰精光于天表。

　　亥未卯为转轮，因颠蹶而自反。

　　巳丑酉为反射，怀杀伐以酬恩。

　　天罡加四仲为关隔，人事昭违。

登明加日辰为萃茹，事情和美。

卯酉日月门也，子午为阴阳之门，辰戌为网罗之煞，辰加四仲则门被阻隔，人事何由通快？子午为关，卯酉为隔，卯酉既为日出而作，日入而息之门户，子午既为阳死阴生阴死阳生之地，则人事一动一静，能离此阴阳，离此门户乎？今被此网罗煞阻隔，人事岂得亨快？亥为干位，加日辰是统天之德聚于日辰也，天德昭临人情自然和美矣。

用为发端之门，中为移易之府，末为归计之宫。

太公立三传，极重在发端，归结在末传。

孟为神之在室，仲为神之在门，季乃在外之应。

孟仲季乃泛论，其理不在传之例。孟为生地，仲为旺地，季为结果之地，此正由微至著，由小而大意。

初生中，中生末，名遗失而事久凌夷。

末生中，中生用，名荣盛而多人推荐。

初克中，中克末，为迭噬而受众辈之欺。

末克中，中克用，为僭亡而致外人之侮。

《毕法》云：三传递生人举荐，重下生上，不重上生下，大凡发用之气要无所分折，一心聚于干上方好。若初生中末则益我之气薄矣，所以事久凌夷。惟从末生上传，专益我，故荣盛耳。又上吞下为迭噬，下贼上为僭亡，众辈侵欺，即毕法众人欺意，然中初，初中，缓急有辨。

三传生日百事宜，日生三传财源耗。

日克三传求财可美，三传克日众鬼难堪。

初传克末成者罕，末克初传事可成。

传见妻财利益多，传见父母饶生意。

传见兄弟口舌生，传见子孙福禄满。

传见官鬼有两途，病讼畏兮官位显。

子传父兮逆且疑，母传子兮顺且便。

干支吉兮三传凶，谋事不成终不著。

三传吉兮干支凶，事吉而成无少悍。

支若传干人求我，干若传支我求人。

课连茹传逆速而顺则迟，越三间向阳明而向阴暗。

故顺三间之课：

亥丑卯为溟蒙，而事多暗昧。

子寅辰向三阳，而渐望光明。

丑卯巳为出户，春雷震蛰。

寅辰午出三阳，金鲤波中。

卯巳未迎阳者，鸣高冈之鸾凤。

辰午申登三天，得云雨之蛟龙。

巳未酉变盈者，名秋场之登稼。

午申戌出三天，似鸣鹤之在天。

未酉亥为入扃，主心劳而日拙。

申戌子涉三渊，当隐于山林。

酉亥丑乃凝阴，而忧不可解。

戌子寅入三渊，而屈不能伸。

天地之气，东南为阳，西北为阴，自寅至酉为日，自酉至丑为夜。凡人日出而作，与阳俱开，故向阳则明。日入而息，与阴俱闭，故向阴则暗。凡人逆则归，归则速。顺则游，游则远，自然之理也。若三传俱在夜方，岂不暗昧？寅为三阳，而传之前后拱向之，岂不光明？卯为门户，出门而向阳，正如雷之震蛰，阳起地下也。寅三阳之地，出乎此，一路向东南辰午之旺气，可知亨快，鱼得水之象。午为阳而卯巳者迎之，正高冈鸣凤之象，占事宜速就，稍迟则无气矣。午申在南，先天干位，固曰天，而辰在东南亦是阳明之位，合之曰三天，登之故有蛟龙云雨之象。只一巳字在午之前，而未酉则向西去矣，阳终阴始，肃杀初进，万宝告成，故曰登稼。午当阳极，而申戌已流于酉矣。在阴子和，言闻其声不见其形也。未酉亥阴气盛矣，凡人心劳不休，皆属于阴。书云：为善心逸，日休为恶，心劳日拙，善恶之际，阴阳之别也。申子水局，有林之象，戌土山象，言人夜方，似幽人之守正也。酉亥丑皆在夜位，阴气所凝，何忧如之？戌寅火局，而子水居北乘旺为渊，则火亦化而为水矣，故曰入三渊，屈不能伸，无非幽暗之意。

至若逆三间之课：

亥酉未为时遁，无出潜之意。

戌申午曰悖戾，有追悔之心。

酉未巳励明者，出入从其所便。

申午辰凝阳者，动止罔戾于心。

未巳卯为回明，而利有攸往。

午辰寅为顾祖，而喜气和平。

巳卯丑为转悖，当吉凶二者之间。

辰寅子为涉疑，入祸福双关之道。

卯丑亥名断涧，义利分明。

寅子戌为冥阳，善人是宝。

丑亥酉为极阴，如月隐西山。

子戌申名偃蹇，似马驰栈道。

　　亥酉未逆传，亥遁于酉，酉遁于未，有退而归隐之意。戌午火局中间一申反成克象，不和同矣，故曰悖戾。酉至未，酉有背暗投明意，曰励明者，言策励以从明也。申午辰俱东南阳位，故曰凝聚于阳，所以行止如意。午为明，未巳卯回绕而向之，故利有攸往。午火生于寅，三传午辰寅，有顾母之意。和平者，谓得所生而安也。巳丑酉金局为杀机之悖令，中传不用酉而用卯，是悖之转，转则吉。然犹木离于杀也，亦主凶，故为二者之间。辰子水局，中传见寅，虽涉于疑而不沉于渊，但两局不纯，故曰祸福双关。经曰：断涧如何涉，失前忘后时。君子宜退位，小人须有悲。盖亥为水，丑卯有桥梁意，言难进也。高高下下，义利岂不分明？寅戌火局，中传见子，阳入于溟，乃怀宝不出意，丑亥酉皆是夜方，不见光明。子申水局，间一戌土在中，坎水见险，岂是坦道？

　　若顺连茹亥将顺行：

亥子丑为龙潜，阳光在下，空怀宝以迷邦。

子丑寅为含春，和气积中，勿炫玉而求售。

丑寅卯为将泰，有声名而未蒙实惠。

寅卯辰为正和，展经略而果浴恩光。

卯辰巳名离渐，利用宾于王家。
辰巳午为升阶，亲观光于上国。
巳午未为近阳，名实相须。
午未申为丽明，威权独盛。
未申酉为回春，若午夜残灯。
申酉戌曰流金，似霜桥走马。
酉戌亥革故从新，小人进而君子退。
戌亥子隐明就暗，私事吉而公事凶。

亥子丑俱在夜方，全无阳气，故云，即《易》"乾龙勿用"义。子丑寅得阳气而未畅，仍宜韬养勿用。寅为三阳开泰，此时从丑初履之，虽有将兴之誉而功业仍未成就。寅卯辰为日之始，正君子向明图治之会。卯辰巳逼近离火之位，是君子作宾于王朝也。午正阳有泰阶之象，从辰巳升之岂非观光乎？午阳明君位，巳未近之，君臣合德，功成名就之象也。午未申是圣主当阳揽权御下之象。未申酉东南之气灭矣，是以比之残灯励之也。申酉戌乃金地肃杀，何险如之？曰霜桥走马危之也。酉戌亥纯是夜方，乃小人道长，君子道消之时。戌亥子以公私分明暗，若占逃亡盗贼，又当用夜方也。

若逆连茹亥位逆推：
亥戌酉曰回阴，心怀暗昧之私。
戌酉申为返驾，主行肃杀之道。
酉申未名出狱，主离丑出群，疏者亲而亲者疏。
申未午名凌阴，主行险侥幸，安者危而危者安。
未午巳为渐烯，脱凡俗而渐入高明。
午巳辰名登庸，舍井蛙而旋登月阙。
巳辰卯名正己，人物咸亨。
辰卯寅为返照，行藏攸利。
卯寅丑联芳，悔吝须知否极泰来。
寅丑子游魂，乘凶坐见事成立败。
丑子亥为入墓，有收藏之态，仕进无心。
子亥戌为重阴，安嘉遁之形，宁甘没齿。

自亥而回戌，自戌而回酉，一团阴气用事，可以卜其心之所藏矣。戌酉申肃杀之地，昔孙膑占此，不满期而出，刖足而返，故名。戌为狱，酉不向戌而向申，是为出狱不与戌之群丑为伍，而往西南，是平昔之亲类反疏，而疏属反亲矣。申为阴而未午凌之，阴阳交战，安危之机也。烯指午未渐而入之，是脱凡境入高明意。午巳辰逆转，又未中有井宿，午逆向巳，巳中有蟾，月阙是也，巳宽大有正己之象。从巳至辰卯，正己而正物，人物皆归于通达。寅中有生火，辰卯返而从之，是返照也。阳明相比，行藏自利，发泄太过，中藏乌有，反为咎象。今归寅卯于丑，披枝归根，方是泰来之兆，寅之阳气正好发舒，反入于丑子极阴之位，诸事不利。魂阳魄阴，向晦宴息，百事收藏，占者宁矢志没齿，静俟不敢进也。

局有进退之意，气有旺绝之殊。

衰墓总同退断，胎生进气无虞。

退气则吉事成凶，凶事反吉。

进气则安者益安，危者益危。

长生等十二位所以象人之始终也，要从胎处说起，胎在母腹中，养在始生之时，长生则从始生，渐渐长矣，宜竟接冠带，何为有沐浴一位？盖五行之气，不郁不舒，不凝聚不发散，正复卦安静以养微阳意。这一点生意不得沐浴处一番闭藏，如何得冠带而临官而帝旺也？到帝旺处一生事业尽矣，衰病死理势必然。至墓之后胎可言矣，又加一绝字者，五行之气不绝，不生，不有，十月之纯阴何以得一阳之生，绝正死生互换之交，人鬼转关之路也。课义虽言五行，实字字切着人事，细玩自见，进退二字，全在旺相休囚死五字中分别。大抵吉气进则聚，若散则吉者不吉矣。凶气退则散，若散则凶者不凶矣。

顺连茹空，名曰声传空谷，退吉而进则不宜。

逆连茹空，名曰踏脚空亡，进宜而退则不可。

三间之课，亦有缘由。

课传六阳利于公干，课传六阴利用阴谋。

半阴半阳原情审势，阴多阳少以理推求。

阳为德而阴为刑，阴从夫而阳自处。

39

癸为闭而丁为动，闭主死而动主生。

子午卯酉多是五阴所寄，而日德从于阳干，在四孟位上，如甲禄在寅，乙禄在卯，甲则合己而以寅为德禄，乙则合庚而从庚之申以为德也。余例推。癸水润下之性，干逢旬尾曰闭口者，言水气在上不能开口也。假如人在水中，一开口便不能生矣。丁火之性主阳主动，是生之象，正与癸相反。

空亡乃耗散之神，初斩首、中折腰而末刖足。

辰戌为网罗之煞，辰覆巢、日毁卵而用置迹。

空亡为天中煞，人只知旬空为十干不到处，不知惟虚能起化，此正天之中也，故曰天中煞。数中凡遇空亡不可便说不好，要细察始见端的。天罡之气鼓万物而出，天魁之气收万物而入，为四时网罗之杀，言一网无余也。在日辰上是静位，所以为覆巢为毁卵。在用上是动机，所以为置迹，言一往便留碍也。

年命若立，魁罡动者静而静者动。

日辰加临，卯酉离者合而合者离。

立是年命所乘神，立于地盘辰戌之上，非辰戌作年命也。

三传纯子孙，不求财而财自至。

三传纯父母，勿虑身而身自安。

三传纯妻财而父母克害，三传纯官鬼而兄弟成灾。

《毕法》云"六爻现卦防其克"，即此意也。

见克不克从其鬼贼，崖岸迫而勒马收缰。

见生不生不若无生，鸟兔尽而藏弓烹犬。

见救不救灾须自受，当如燕雀处堂。

见盗不盗本根无耗，须识荆棘巢凤。

凡见克神要细看他立处，若是生地，他自恋生不来克我。若是他之克地，他自受制不能克我矣。下三句俱如此看，如人之临于危崖尚可收缰，危而不危也。鸟兔尽言人之施恩于我者，今已尽矣。燕雀处堂而不知危机将至，救神无力也。荆棘解盗字，巢凤则盗而不盗之意。

合中带煞蜜里藏砒，煞遇空亡饥食甘李。

交车入长生之位，苦尽甘来。

交车坐刑害之宫，幸中不幸。

吉中凶，凶中吉，须详之干支门路，止在上下照射处，故曰交车。此处刑冲破害极有关系，盖交车二句似指交车立地盘长生刑害也，玩位字宫字自见，不然与下节重复矣。

先生后克乐极生悲，劫煞入辰萧墙祸起。

乐极生悲即毕法乐里悲意，劫煞如亥卯未则在申，其应极速，萧墙应辰之一字。

日辰神将交生，龙虎聚明良之会。

日辰神将交克，猿鹤争风月之巢。

龙虎是合气的状，猿鹤是不合气的状，交生交克可谓极切。

交车入墓喑哑双盲，交车冲刑风瘫痴隔。

喑盲俱切墓字，风瘫切刑冲字，可见凡断当各从其类。

乙戊己辛壬同四仲名曰九丑，天地归殃。

死绝休囚气加日辰号为二难，夫妻反目。

凡戊子、戊午、壬子、壬午、乙卯、己卯、辛卯、乙酉、己酉、辛酉日，而大吉又临日辰子午卯酉上者，为真九丑卦也。盖乙是雷电始动之日，震而不安。戊己是诸神下位之日，又戊己为坤，诸神清虚之气合德于干，转入坤维，曰下位是也。壬是三光不照之位，壬禄在亥，六阴俱足，日月之光至此损照。辛是西方杀物之位，如何又居在四仲极阴位上。大吉是十二宫神之主，为贵人本家，所以为星纪，言诸星朝会于斗也，今又临四仲极阴之位，是为九丑。九，阳数，九丑，言阳之丑也。二难正配夫妻两字。

上下六合主客合同，上下刑害冤仇相见。

引从日辰名曰用媒，家必兴而人必旺。

干首支尾名曰回环，成事吉而散事凶。

男年支而女年干，合后成婚。

辰加罗而日加网，巧中反拙。

太阳照武宜擒贼盗，月将加辰宅舍光辉，

魁度天门行多阻隔，罡填鬼户事任谋为。

既定课传，次观神将。

贵人为百神之主，得位为福，失位为殃。

螣蛇为卑贱之神，旺相怪异，休囚亦主忧惊。

朱雀文书，亦主刑戮奸谗口舌。

白虎道路，又为官灾疾病死亡。

勾陈主迟滞勾连之事，囚主讼而旺主争。

玄武为盗贼虚耗之神，休失人而旺失物。

六合为婚姻和合，妇女得之则为私门。

太常主酒食衣裳，武职占之则为擢任。

青龙所主财物，文官见之光为恩宠。

天后虽为妇人，庶人得之亦主亨嘉。

天空奴婢妄诞，太阴暗昧不明。

太公前只用天将十二，后见丑位为己土之精，北斗之枢，是十二宫气化拱照之地，因而加一名曰天乙贵人，贵人即丑也。前五位引之，后六位从之，其间分文武贵贱男女，如天后贵人之妻，太阴贵人之妾，空螣武皆贵人奴婢，龙朱文臣，常勾虎武将，所不可不知也。螣属巽，风火摇动不宁，故主惊疑，离火外明内暗，故曰奸谗，火色赤，故主刑戮。虎处坤方，故主道路，又申金杀物，故主官灾病疾。勾陈辰也，万物至此，勾萌甲坼未舒，迟滞勾连之象也。玄武为亥水，阴私暗昧，故主虚耗。六合和合之意，妇人岂宜私和。未，味也，言物至此月而始成味也，故曰酒食。衣裳者，谓麻絮丝绵都于是月就绪。曰武职者，言巳午所生之金，得未土而刚锐之气毕聚，至申位方显出纯金来，可见未中之金自旺干，故为武职。寅为三阳开泰，号曰青龙，正应文武之德，世间财物吉凶，嘉宾生死丧祭，贵贱尊卑男女长幼，哪一事少得？所以属青龙，言其变化莫测也。天后有恩泽意，故亦云亨佳。天空诞诈，太阴阴私是也。

寅功曹主木器文书，申传送主行程消息。

卯太冲主林木舟车，酉从魁主金刀奴婢。

辰天罡为词讼，兼主死丧。戌天魁为欺诈，或称印绶。

巳太乙惊怪癫狂，亥登明阴私哭泣。

午胜光官讼连绵，子神后奸淫妇女。
丑大吉咒诅冤仇，未小吉酬歌医药。

辰乘贵人，合禄公门役吏，遇马而为奔走公人。
戌逢空禄，临孟瞭哨边军，见丁而为逃窜落阵。
大吉小吉作勾陈，斗争田地。
天魁从魁为六合，奴婢逃亡。
从魁若乘武合，妻妾怀娠。
传送上会青龙，子孙财损。
胜光如逢天马，必问行人。
太乙若逢白虎，家多疾病。
未逢天后，妇人奸淫。丑合贵常，欲添财喜。
天空临酉，走失家奴。常遇登明，亲朋酒食。
辰戌上见空武，奴婢逃亡。
小吉单逢六合，婚姻聘礼。

辰上原无贵人，若天乙立地盘辰上则贵而不贵，若合日禄主为公门役吏，但食其公食而已，更带日马则为奔走公人。戌加天空，军人之象，临孟而为了哨者，言去路方赊也。丁者壮也，惟壮盛善走，所以落阵中亦能逃出。从魁是妻妾，玄武为胎，合是怀孕。子孙历代相传，传送之意。青龙为财，居申受克，非财损而何？胜光离火为日之精，行游之象也，更乘天马，岂非问行人事？太乙在紫微垣内，家室之象，家遇疾病刑煞之神，则抱恙可知。未地始离于阳，渐进于阴，再乘天后，奸淫必矣。丑为贵人本家，太常为财为田，合而得之，则财产之事，添进无疑。天空为奴，酉门户也，奴临门户，背主逆行。亥卯未三合，故未亥为亲朋也，又未中酒食与亥共之。辰戌动而不静，有奔逃之象，空是奴，武是婢，临于辰戌，故云。小吉主礼仪酒食，又见六合牙媒之神，其为婚聘可知。

辰逢勾虎，必问田坟。丑作虎勾，墓田破损。
太岁龙常，来占官职。子乘龙合，女受皇恩，
寅乘龙合，儿孙欢庆。

二八如同阴武，私通门户摇动。

巳亥若逢阴后，二女奔淫不已。

子作六合为荡妇，见亥亦作孩儿。

丑遇天空为矮子，会申名为和尚。

寅作朱雀，会卯为文章之士。

寅乘玄武，见巳为炼丹道人。

卯上乘传送为匠斫，辰上见白虎是屠人。

巳入酉宫为犯刑远配，会太阴亦作淫娼。

酉加午上为宠婢登堂，会六合必主淫乱。

未加酉为继母，申乘合作医人。

戌作天空健奴军吏，亥乘玄武乞丐鬼神。

天罡主动，勾陈属辰为田坟之象，更见白虎凶丧之神，则动问必在田与坟矣。丑土主静，遇勾虎凶神必主墓田破损事。太岁君象，文视青龙武视太常，二者如近太岁岂非问官职之事乎？子为天后，龙为恩宠，女与龙合，自是膺受皇恩之象。寅即青龙喜神，六合为儿孙，所主必喜庆事。二八谓卯酉，如乘太阴玄武蔽匿阴私之神，则门户污淫必矣。巳为双女，亥为双鱼，都是淫乱之象。子为妇女，见阴私六合之神，自然所主淫荡。亥为幼子，乘六合儿孙之神，其为孩儿无疑。天空是戌为足，而加于丑，足为丑刑，不能大长，故为矮子。天空亦作和尚，申解作身，身会空则身入空门矣。寅为书籍文章，卯为木，朱雀文明之象，课象值此，自是文人声誉。寅为道士，玄武不正之神，乃窃取财物者也，巳为鼎灶，相会为一，炼丹可知。一说寅属艮，成言乎艮，道在是矣。上玄武下巳火，水上火下，正丹经所云"取将坎位中心实，点化离中腹里虚"也。申者，身也，身琢木，为匠作，又卯加申琢成器物。罡乘虎杀气太旺，故为屠人。酉主杀，是天地之刑官，巳从巽入兑相克，犯刑之义也，又巳加酉为配，所刑必属远配。巳双女，见太阴私蔽匿之将，所主必淫邪事。午正阳，有堂之象，从魁为婢，加午为登堂，若见六合阴私之象，其淫污可知。土生金者也，金旺于酉，土败于酉，以败气生旺金，如子已长成，而母又生之，故为继母。申身也，身入六合药材之中，岂非医流？戌者，戍也，天空戌之本位，故为军奴。玄武脱耗，亥为天门，故云乞丐鬼神。

　　虎踞二八之门，八难兴而三灾发。

　　贵立天门之地，四煞没而六神藏。

　　卯酉为二八门，诸事所必由。今为虎踞，灾难自兴。惟丑贵加亥方，说得四煞没六神藏，四煞即辰戌丑未而加四孟也，则化凶为吉。六神藏者，蛇临子，朱临丑，勾临卯，空临巳，虎临午，玄临申是也。

　　太常乘破碎为孝服，加天狱腾蛇，生灾致讼。

　　天空会勾陈为斗争，并伏殃化鬼，家破人离。

　　天后临卯酉，一举成名。

　　月将乘贵龙，片言入相。

　　勾龙同居旺地，财宝如田。

　　常贵共入官乡，当朝执政。

　　四孟金鸡四仲蛇，四季丑日是红砂，此破碎煞也。太常主衣服而遇破碎，岂非孝服之象？天狱即天狱煞也，或值天狱卦亦是，常乘此，更会腾蛇惊恐之将，灾讼必矣。天空即戌，勾陈即辰，辰戌相争又魁罡动摇，岂非斗争？伏殃正酉逆四仲，凡四仲为五阴之地，阴盛化鬼，家破人离之兆也。又天后为恩泽之神，月将，君将之象，又青龙为恩宠，太阴属金乃财帛之神，勾陈积聚之神，妙在同居旺地四字，问功名一事，大抵要官星得地，若太常天乙共入官乡而他处更无克害，便是升官迁职吉兆。

　　年临孤寡，自甘半世孤灯。

　　日遇空亡，多主首阳饿死。

　　太阳加神后之位，有水火之灾。

　　太阴临胜光之宫，主自缢之患。

　　财遇绝宫而上乘旺气，定因白手成家。

　　子作白虎而下见离明，多主螟蛉承嗣。

　　年命加临卯酉，作事朝移暮改。

　　龙合下临丑未，为人佛口蛇心。

　　武会太阴，嘲风弄月。

　　虎同天后，恋酒迷花。

财同朱雀，主口舌上生财。

武见官鬼，因奸伪中成事。

财为天后，主宅主妻。

财作太阴，为奴为婢。

年作卯酉而入空申，随娘再嫁。

时逢酉未而乘刃绝，市井呼卢。

合武乘旺临酉寅，非雷惊必主沉溺。

虎蛇带煞临未巳，非虎咬必主蛇伤。

子午卯酉为关格，谋望多主难成。

辰戌丑未为墓神，发用多因掩蔽。

　　四时前孤后寡，或值旬空，皆为孤寡。若人年临孤寡地，占婚最忌。日遇空亡，非日干上见空亡，单言日干落空，则主空乏之事。水火相激而成灾，午火克干金，干为首，火为心，心自害其首，故有自缢之象。财物遇绝是白手之象，上乘旺气则绝而复兴。虎伤子息本应无儿，幸离火克虎则绝而不绝。卯酉为日月往来之门，故主移动不一。六合青龙乃东方主气，主慈，而临于丑未上，又主克，是口慈而心毒。阴金主阴，水象淫洪，又金水相涵，风月有情。白虎为传送之神，会天后则闺门哪得贞静？大凡事之成否要视官鬼，苗公云不克不成事者此也。申为坤为母，申空而母不安室矣，人年又加卯酉，必主变动，故云。凡酉为歌喉，未为酒肆，又乘刃绝，故不事正业，但日趋于败耗也。六合属震，玄武属水，水雷屯正雷雨之动满盈也，故云。又蛇虎凶神带杀，乘巳未之生，其凶愈甚，故主受伤掩蔽。要论旺相休囚。

占天看云龙风虎，察水火升降以辨阴晴。

占地看玉藻金英，视神将生克以知凶吉。

占宅占人，看日辰而次详课义。

占狱占病，视勾虎而解救同论。

捕亡三奸之下可得，鬼祟烦神之位推详。

占婚姻视天后，妻财与日辰比合。

占胎孕看夫妻，年上方判阴阳。

占谋望要成神合气，占求财看旺相龙常。

占功名先看吉神吉将，占官职当明天吏天城。

占地，支之阳神是墓，支之阴神是穴，玉藻金英有之。勾主狱，虎主病，见此宜视救神。凡亥子丑有一位加于地盘仲上，则对冲处便为三奸。对冲视天盘，天后妻财日辰比合俱重。若一处并吉便可言吉，男女自夫妻年上推来方的。成神正巳顺四孟，合气是合旺相之气，言成神有气不休囚也。龙常是财神。

出行日为陆而辰为水，视神将之生克以辨吉凶。

经商辰为主而日为客，视神将之衰旺以卜合宜。

子孙动而求官不吉，官鬼动则兄弟迍邅。

兄弟动则妻财有损，妻财动则父母灾危，

父母动则子孙受克，官鬼动亦忧及己身。

吉神宜旺宜相，凶煞要墓要空。

吉神空吉中不吉，凶煞空凶内不凶。

吉居德禄之宫，出潜离隐而招祥致福。

凶居生克之地，恋生解克而无暇害人。

贵人顺治，凶神少降灾殃。

天乙逆行，吉将聊施恩泽。

盖子至巳为阳，亥至午为阴，乃天地一大开辟也。贵人顺治向南诸事吉，逆治向阴位去则诸事主少吉。

凶神刑害日辰，连绵灾患。

吉将交加传课，不绝欢忻。

凶神和合，虽灾而不致深危。

吉将刑伤，有庆而终难全美。

日辰有彼我之分，神将有尊卑之别。

克日则灾及己身，刑辰主祸延家宅。

男推日而女推辰，于中玄妙。

阳课明而阴课暗，此际幽微。

孟仲发用，事应尊亲。季作初传，定应卑幼。

用神验人事，比和为亲为近，不合为远为疏。

47

神将断吉凶，旺则日新月盛，衰则渐退旋颓。

贵神带印克今日，有位有禄。

申午相合乘天后，为保为媒。

虎克日辰，官灾瘆病。勾刑卯酉，路死扛尸。

白虎会旺相之金而克害年命，难免一刀之患。

勾陈合太岁之神而刑冲日辰，定遭尸解之厄。

年逢阴鬼，魅地生灾。日遇阳官，明中致福。

大凡合处为来之有路，带印非生我之印，乃巳加戌为铸印也。又戌为印绶，皆所谓带印。经云：带印皆指遁干生贵人，说此大有道理。传送象媒保，午为朱雀，乃口舌上生财是也。又传送于道路而发用在天后，日主讼，辰主疾。勾主死尸，卯酉主道路，金旺虎愈旺，其凶愈甚。岁君合勾陈刑冲日辰，凶不可解。专言勾虎者，以二煞原极刑极阴之气故也。阴鬼是建干遁来之鬼，阳官则实见于上矣。

要见分类形状，当视州野区分。

子列青州，亦主江湖沟涧。

丑为扬地，更为宫殿桥梁。

寅主幽燕，亦主栋梁寺观。

卯为豫州，更为棺椁门窗。

辰为兖州，亦主井泉坟墓。

巳定荆楚，兼为弓弩筐筥。

午主三河，亦主山林书画。

未为雍地，亦主酒肆茶房。

申主晋分，更主神祠鬼屋。

酉为冀地，又为仓廪山冈。

戌主徐州，亦主州城牢狱。

亥为邠地，更为居榭厕房。

此特举其大略，于中仔细推详。

子作内房妇女，鬼神兼泄泻。

丑为庭院秃头，病腹患脾肠。

寅主道路，入长生则为道士，主须发而病疯疥。

卯为门户，会玄武而为经纪，主手背而病在膏肓。

辰为墙垣书簿，主皮毛痈肿之灾。

巳为窑灶小口，主咽喉面齿血光。

午为堂屋，主心目吐泻瘟癀。

未为井院，主头胃膈噎脊梁。

申为驿递，主骸骨心胸脉络不利。

酉为门户，主口耳小肠喘嗽难当。

戌为墙院足腿，亦主梦魂颠倒。

亥为侧间虐痢，定应脾疝膀胱。

自兹触类而长，当遵此例推详。

天后为妇女，天乙生水，鬼神变化之始。丑为星纪，寒土不生毛，故云秃头。木主肝，又膏上肓下，肝之表也。巽为风，主入，螣蛇火主血光，未井宿，先天午未属干，为首。未者，味也，故言胃。魂藏辰戌，魄藏丑未，虐痢寒热往来。

先贤时察来情，端倪无不应验。

时遇空亡，必主侵欺诈伪。

时乘驿马，必主动改迁移。

冲日冲辰，彼我流离颠沛。

同辰同日，事情偓寒迟疑。

时日相生，迭为恩泽。日时克害，互作仇寇。

日克时则为财，时克日则为鬼。

遇子遇午，时往时来。值卯值酉，为门为户。

时乘日墓，虽冲而终成蒙昧。

日得夜时，见贵而反为不祥。

日逢时破，主走失之灾。

辰遇时刑，应讼狱之祸。

时干日干相合，外事和同。

时支日支相合，婚姻和会。

日辰俱合明时，内外见一团和气。

正时冲刑月将，顷刻有不测灾来。

　　古人以时为先锋门，故未得课传，先视正时与日干禄墓生克何如，又以天上正时所乘神为直事，而事之原委已可知矣。如申日巳时，巳作膫便知其为子孙忧疑事也。

大抵四课三传，

克多则事烦，克少则事一。

生多则虚诞，生少则理明。

三传内有克日，子孙名为救神，无克则为脱气。

日辰交相入墓，冲神号作天恩，遇墓终成破损。

天地务致中和，阴阳不宜偏胜。

鬼临畏地，当忧不忧。财入鬼乡，闻喜不喜。

神将交克，占及夫妻。同类相伤，事因昆季。

财遇天中，产业倾颓。鬼临旬尾，官灾不起，

吉凶神其神将，生死辨其安危。

条例多而同归一理，举一隅当反三隅。

天中谓空亡也，旬尾谓闭口也。

六壬指南卷三
大六壬会纂指南

广陵陈良谟公猷著
古歙庄广之公远注
当涂祝世伟璧公校
新安程起鸾翔云定
荆楚周元曙龙潇参
鄙都汪　松宗梓阅

天时

天象先占大角星①，指阴主雨指阳晴。
贵登绛明②时雨沛，预卜阴晴此法精。

龙入庙③晴升天④雨，虎出山林⑤主烈风。
水运乎天叹霖泽，火离于地仰晴空。

风雨之方看龙虎，风雨之期寻羊鼠。
螣蛇朱雀加卯丁，电雹霹雳空中见。

壬癸亥子临寅卯，甲乙之日见淋漓。

---

① 辰。
② 亥子二宫。
③ 龙加寅。
④ 龙临辰巳午未。
⑤ 虎加寅卯。

若加季位寻戊己，巳午丙丁依例推。

课传不见亥子临，或见空亡可类寻。
子乘龙神丑上准，青龙合处雨期霑①。

衰旺空刑须细辨，克日有气滂沱见。
无气空亡微雨来，如响应声真可羡。

风雷煞动大风起，云雨神临骤雨来。
猛烈惟下真足畏，迅速飞符疾雨雷。

雨师②会毕③雨满天，风伯④会箕⑤风满谷。
干在贵后雨倒河，干在贵前风拔木。

罡加四季天无云，去日几位是其候。
月将加时再一看，丙丁之下晴光透。

金为水母⑥巽⑦风从，震⑧为雷兮兑⑨为泽。
更加神煞旺相推，晴雨掌中端可索。

阳备⑩晴兮阴备⑪雨，曲直生风炎上旱。
从革主晦润下阴，稼穑是土晴可断。

---

① 如子乘青龙，以地盘合处上神断雨期。
② 丑。
③ 酉。
④ 未。
⑤ 寅。
⑥ 申。
⑦ 巳。
⑧ 卯。
⑨ 酉。
⑩ 即阴不备。
⑪ 即阳不备。

占雪之法何以云，太阴寅卯值用神。
青龙暂时天后久，戌未白虎六合真。

太乙翼蛇头有雪，天干遁起丙辛加。
雨水入传无克战，玄后龙阴布六花。

阳宅

支来干位宅就人，干来支位人入宅。
刑冲克害生旺看，否则二者有损益。

初末引从支贵神，肯堂肯构气维新。
周遍循环宜守旧，外战内争动有迍。

三传脱支生日干，人多屋少从此断。
三传盗干生支辰，屋旺人衰何必算。

三传生支克日干，卖屋偿人免灾晦。
三传生干克支辰，屋假他人弃家退。

三传作财生两鬼①，官非疾病一时生。
支干相加被脱克，居无正屋自然明。

内顺外助三合格，最嫌蜜里暗藏砒。
神合道相六合局，切忌丫叉②为害之③。

---

① 鬼临三四。
② 丫叉：交叉。
③ 合中带刑冲破害也。

日禄加支被脱克，造房修屋防耗厄。
墓神临支少欢娱，如逢月将高明宅。

太阳生辰显者至，宝藏麟儿喜庆来。
干支禄马加逢吉，身动家迁事事偕。

罗网来乘身宅下，颓垣败栋不堪居。
干支乘鬼伤人宅，遇日刑冲凶岂虚？

三四遇官灾讼起，若逢岁破少安宁。
干支上神如五脱，防脱防偷事不停。

虎入宅凶蛇冲吉，龙乘生气家日昌。
居金谷兮龙虎拱，卧陋巷兮邻兽伤[①]。

寅木虎伤崩摧见，支乘常死孝服招。
死虎丧绝阴司去，火鬼带丁天火烧。

午克身凶忌见蛇，丁伤支动须防虎。
血忌支厌煞入宅，更防呕血堕胎苦。

丧吊干支两处逢，姻亲啼哭恨无穷。
旧岁更乘天鬼煞，克支灾疫一家中。

三交九丑妨白发，远在三年近三月。
全财化鬼亲无妨，无鬼父母眉寿竭。

传官太旺伤兄弟，透印之时方得安。

---

① 虎冲支上神也。

兄弟重逢妻财损，子爻出现反成欢。

父母乘传嗣息忧，比肩若透反多子。
传中盗气本伤官，六处有财偏吉喜。

支之左右是旁邻，辰上正冲即对门。
金见螣蛇釜鸣怪，木逢白虎栋摧论。

卯作门兮酉为户，须防官讼盗来侵。
未为泉井巳推灶，要得平安吉宿临。

震巽木星为栋宇，艮坤土宿作墙垣。
乘凶乘吉须先定，安宅安人继后言。

阴地

辰阴主山看坐落，生合冲刑定吉凶。
冲位对山防克害，旺生德合最宜从。

上下皆合风气蹜，干支受克沙水去。
青龙左辅空陷忧，白虎右扶刑破虑。

伏尸支上临墓虎，朱雀空刑山案差。
土神旺处龙不错①，螣蛇落处穴应佳。

玄神乘水②水之玄，土宿临山③山势抱。

---

① 龙神春辰夏未秋戌冬丑。
② 玄临壬癸亥子上。
③ 贵常勾空临四季土。

阴后水口蛇罗城，勾陈明堂阴阳考①。

甲乙木神树株森，丙丁火宿岗峦叠。
庚辛冲刑路歪斜，戊己古冢休旺别。②

壬癸加临水不谬，旺相休囚仔细详。
祸乱相见为祸乱，祯祥如遇断祯祥。

迁移

周遍循环内外战，占逢此课莫更移。
前空后盗同魁度，迁动家中悔吝随。

不利移居是何课，初生末墓罗无破。
墓刃临身若动移，吉庆无兮有大过。

旺禄不空当守旧，返吟空动亦如之。
昴星如遇传蛇虎，旧宅迍邅新不宜。

干支乘旺莫图迁，迁遭罗网祸忧连。
两仪③但乘死绝气，最利更新获福全。

贵坐干宫罡入艮，自墓传生新宅良。
伏吟丁马迁居吉，九丑如移未免殃。

斩关发用远移近，众虎入传守旧安。
两蛇夹墓无冲破，毁旧更新作咎看。

---

① 勾之阳神为内明堂，勾之阴神为外明堂。
② 水火土金木俱分休旺。
③ 干支。

香火

天乙乘鬼断神祇，天空作官评佛位。
绘画诸真当看玄，塑成众圣土星类。

木将见金雕刻像，金神遇火炼熔成。
相生相合祯祥断，逢克逢冲祸患明。

婚姻

夫卜妻姻成不成，财居旬后①总无情。
女推夫婿将何断，鬼坐天中②同此评。

传将生合百年配，干支刑克朝夕背。
男女年命孰相加，欲其事遂两法对。

欲知偕老是何术，全凭财官虚与实。
财乘旬后凤孤飞，官坐空亡鸾失匹。

中不虚兮初末虚，冰人脱骗两相欺。
递生干兮傍人赞，末传合处验成期。

财常日本必占姻③，水逢丁马吉祥新。
河魁度亥风波动，牛女乘常晋合秦。

---

① 空亡。
② 旬空。
③ 财乘太常或常加日本来意皆占婚。

传财生鬼必贪淫，财克生支侮悍情①。
财乘暗鬼②官讼起，财克明生③夫命倾。

日辰逢引两不良，后合干支丑行扬。
龙伤支兮妇先损，后克干兮夫早亡。

印绶公姑安可犯，子孙嗣息忌刑临。
女貌妍媸寻后次④，男才修短看龙阴⑤。

四课无遥婚必舛，九丑有克定忧临。
芜淫⑥解离⑦心腹祸，外争凶浅内争深。

阳课不足女争夫，阴课不备男竞女⑧。
孤辰寡宿多克刑，狡童佚女奸淫许。

传将见妻复入空，中年弦断无续姁。
空于其妻又见妻，初虽有伤复再娶。

孕产

受胎之期长生看，妻年上神此处算。
月归生年日归月，时又归日再一玩⑨。

---

① 谓背逆公姑之意。
② 即遁鬼。
③ 财克生爻。
④ 天后阴神。
⑤ 青龙阴神。
⑥ 阴阳不备。
⑦ 干上神克支，支上神克干。
⑧ 二课婚后主有词讼。
⑨ 假如妇命乘木为胎神，看木之长生落何地盘，即知其月叶孕。又看月之长生落何地盘，即知其日叶孕。又看日之长生落何地盘，即知其时叶孕也。

妇孕申加天命上，妇行年上一详推。
阴神生女端可必，阳曜生男却莫疑。

男女须观日上神，刚干阳比是男身。
若还阴比知为女，不比阴阳两处巡。

传合西北为弄瓦①，传合东南是弄璋②。
二阳包阴女衣裼，二阴包阳男衣裳。

纯阳之课多生女，课传阴极复生男。
罡加比日为男喜，不比端然作女参。

阴阳昴星两课举，阴俯是男阳仰女。
不备何能十月全，阳备③为男阴备④女。

一乳二子理甚约，年命课传须审确。
重逢建将⑤是双胎，男女阴阳再思索。

建阴为女建阳男，卦象阴阳一法参⑥。
男女双生何处断，干支胎位两重探。

欲识产期何者善，胜光所临最为便。
又有冲胎一法看，女命纳音冲处验。

生养之下究产期，胎乘鬼死堕胎推。

---

① 即从革润下局。
② 即曲直炎上局。
③ 即阴不备。
④ 即阳不备。
⑤ 日月建也。
⑥ 如酉胎为兑少女也，卯胎为震长男也。以此卦象参断。

年命①冲克胎神者，生儿不育令人悲。

怀胎凶吉古今难，全凭落处地盘看。
生旺比和祥可知，刑害克绝凶立验。

子母平安最为要，须用支干细参照。
支伤损母干损儿，两处无伤子母笑。

又审盘中合后神，死生克制细详论。
合受下克伤儿命，下制天后危母身。

生儿顺逆理通玄，卯戌相加细细研。
卯加戌上手指地，戌加卯位足朝天。

干加支上子恋母，支临干位儿生运。
胎加生方子生艰，两仪②夹传产门塞。

罗网日墓母多忧，蛇夹月厌亦同求。
年命乘神若冲破，转凶为吉又何尤。

贵传俱逆生颇难，贵传俱顺生最易。
魁度天门阻滞多，煞没神藏应快利。

胎逢偏鬼及玄神，种子私妊断却灵。
天乙发传名富贵，可知儿是石麒麟。

恋胎五等详宜忌，寅加亥上家禄利。
临子为败巳病推，申辰衰绝君须记。

---

① 夫妇。
② 即干支。

疾病

病症之源寻虎鬼,沉疴之际看生龙①。
须防虎鬼驾马恶,死墓绝空为最凶。

福德②加临名解厄,贵医年命病全安。
丧吊死常分内外,病符亡鬼死生看。

引鬼为生忌收魂③,因妻致病嫌冢墓。
全然脱败身衰羸,鬼死两逢症愈痼。

鬼户宜关人恶入④,天门魁忌贵登嘉。
生空退茹寻死格,逆间迟痊倒拔蛇⑤。

身尸入棺亡可断⑥,两蛇夹墓疾难除。
忌支血症多崩呕,常后婚筵起病初。

金水逢丁须两论,旧新疾病验空亡⑦。
岁墓干墓并蛇虎,如临卯酉犯重丧。

网罗日墓覆支干,善神冲克危即安。
闭口绝禄忌合绝,华盖孝帛命年难。

---

① 龙乘生气。
② 即子孙爻。
③ 玄乘日墓。
④ 日下年命加寅。
⑤ 空连茹死格,逆间传难痊。
⑥ 庚日申加卯。
⑦ 新病应上字,久病应下字。

蒿矢见金亦甚凶，浴盆①有水还须忌。
自墓传生危化安，初生末墓多忧事。

虎头蛇尾重还轻，龙末虎初凶变吉。
庸医杀人官鬼乘，子爻丸散能疗疾。

德丧禄绝最为凶，贵临福集祸转福②。
循环周遍二课名，占病逢之多反复。

卯加戌逆主风搐，子临巳位定死亡。
六处还常逐类看，课占大吉③两端详。

出行

出行先看天干踪④，务求地道五成逢⑤。
中末两仪玩其义，七战当须断是凶⑥。

中末逢空初不空，游人半路欲回踪。
初中空陷末传助，在此艰难在彼丰。

更忌驿马居天中，劝君不必似萍踪。
若逢台士⑦及关隔⑧，道路四塞何时通。

逼迫令人难进退，干前之神测何因。

---

① 神煞。
② 福集子孙爻也。
③ 大吉课占官则宜，占病主大凶。
④ 即天上日干所临处也。
⑤ 天干临地盘生旺德合相也。
⑥ 谓刑冲克害空墓绝也。
⑦ 月建。
⑧ 天罡加四仲。

狐假虎威休妄动，若还强动有忧辛。

远行谁不渡江河，发用支干要合和。
干逢生旺宜行陆，支上无伤听棹歌。

河井相加不可往，卯辰覆立死不爽。
太岁遭虚①宜避之，登明加季须放桨。

干乘玄劫克命年，陆路提防盗贼连。
白虎临干克年命，断然抱病客中眠。

年命加支三与六，吾爱吾庐乐潜伏。
驿马居夜静中看，必俟天明方驾鞚。

灭没②飞符去不宜，长生日德遇合奇。
方神最忌年相克，丑酉未寅③一探之。

干乘凶将支上吉，急往他乡应有益。
支见恶煞干上无，若安本分忧疑释。

斗系日本利家栖，天网张时急避宜。
庶人占得大吉课，出门有益在家危。

初传旺相末传否，前去行藏叹不偶。
初传囚死末传旺，彼处机缘真个有。

---

① 子中有虚宿。
② 谓四季旺方也。
③ 丑加酉未加寅主有风雨。

丁马加季奔走吉，传阴传阳两法推①。
传阳宜动传阴静，须求数理不须猜。

丧亡道路死绝临，羁绊旅程财墓见。
善恶课体细推详，神煞乘之吉凶验。

旺禄出门罗网加，墓空登路雾云遮。
虎蛇遁鬼凶重至，贵德登门吉事夸。

行人

行人占法实多门，学者还当仔细论。
二马命年入传课，归期有法后诗存。

传逆贵逆日用前，白虎催程返故园。
更求末足②抵辰日，干支互临又何延。

支上传干人固来，干传支上亦同测。
干若克支离彼方，反此卜归归未得。

刚日伏吟丁马见，立刻游人到草堂。
柔日丁马逢刑战，关河虽远亦还乡。

初传若是逢空陷，有阻还当逐类推。
末遇天中邻近滞，仍详神将为何迟。

中传空亡途路阻，详察何神知为谁。
返吟四绝人必至，虽见天中亦不羁。

---

① 谓二阳包阴二阴包阳。
② 即末传。

四季玄临法最奇,六三合用地盘宜①。
玄神乘季传末入,更在支辰下位知②。

正时天乙入支干,湖海行人会不难。
久去不知踪迹处,游年分野细推看③。

天上行年遇陷空,游人染患客帏中。
行年加孟他乡吉,加仲为灾加季凶。

年居生旺比和喜,刑克墓绝悲哀拟。
吉凶好向课传看,此法从来为正理。

遥遥年命离支辰,地角天涯几度春。
巳亥若临归日近,无期因是在寅申。

不识行年何以分,又当辰上致殷勤。
相生旺相俱为吉,恶煞刑冲作晦云。

日与年神生合吉,日上年神刑害凶。
支水干陆宜乘吉,玄劫并河祸事重。

年临三四来期速,日止二课到时迟。
书信几番人未至,支前四位上神知。

孟迟仲中罡季速,用神墓绝日归来④。

---

① 以用神合处断来期,近用六合,远用三合。
② 断来期。
③ 以行人天上行年所加之分野测之。
④ 阳日墓所临之下来,阴日绝所临之下来。

游神加孟归期远，仲在途间季速回。

所占若入课传中，逐其类兮天盘探。
将神之司各有门，子父财官须一勘。

发用前于本日支，便观天上日临时。
若还发用居他处，旅次盘桓未动移。

三千里外卜将军，千里须令看岁支。
五百之遥看月建，百里干临五十时。

须度门限与二至，不度何须望遥征。
更逢游戏二马到，生日之神定何程。

传墓入墓不须疑，征途揽辔归心迫。
间进间退两课名，他乡阻隔分明白。

末传与支会日干，三会归时早晚间。
魁罡二将乘二马，虽不入传回故山。

天罡加在日辰前，千里迢迢必着鞭。
若要居在日辰后，纵然咫尺不思旋。

卯酉为隔子午关，魁罡加处事多艰。
津梁风雨时时阻，中路行人未得还。

朱雀天鸡及信神，课传乘马信音频。
三神若或逢空陷，鱼雁寥寥尺素沦。

克日生合书必来，干克用神书不寄。

天日临时有便鸿，逐类求之识何事。

循环周遍两课名，旦夕游人抵家下。
初克末兮斾已还，末克初兮车未驾。

传将若合三六中，眷恋他乡资斧丰。
支干上逢罗网罩，淹留客舍叹漂蓬。

游子斩关退作传，丁马再动归旧处。
游杀丁马行不停，退则来兮进则去。

更详年月节旬候，日辰正时鳞次透。
应期再向此中求，诸法精奇无注漏。

趋谒

干谒之利三六合，彼我两仪欲相洽。
六阳公事和谐看，六阴私谋素亲狎。

舍益就损忌动用，根断源消防耗失。
逼迫旺禄守旧宜，周遍循环所求得。

初空末吉终有获，首上尾加[①]干何益。
度亥塞鬼二者推，有阻无阻此处绎。

引从告谒往必唔，任信寻访必难谐。
二贵合害分轻重，六亲生克吉凶排。

---

① 旬尾加旬首。

日德阴神见长短，末传合处是成期。
斫轮空亡须图改，昴星蛇虎安旧宜。

选举

帘幕贵逢黄榜策，魁罡将遇青云客。
鬼斗临干魁可抢，文华克岁犯时责。

从魁生扶亚魁中，戾未来临解首逢。
万里风云看龙奋①，一生泉石有蛇封②。

六阳月将生光辉，两贵拱夹荣名遂。
墓神覆日文理差，罗网缠身书旨晦。

德入天门中必祟，河魁度亥失登庸。
旬首冠群详五甲③，真朱超众忌三凶④。

格见天心贵异常，源消根断⑤费商量。
雨露润泽⑥中无虑，刑害空亡取次详。

武事

蛇蚓⑦象弓空最忌，觜参⑧属矢要如意。
仲为中垛孟角花，午贯正鹄季落地。

---

① 即蛇化龙。
② 即龙化蛇。
③ 甲戌甲子甲寅甲辰甲午也。
④ 一克太岁，一克幕贵，一榜将出忌乘丁马。
⑤ 谓四下生上也。
⑥ 谓四上生下也。
⑦ 巳。
⑧ 申。

一课一矢二课二，三课三矢四课四。
用箭数课中详，旺相休囚加减记。

仕宦

欲问前程有与无，日辰虚实定荣枯。
临官帝旺干支遇，爵禄峥嵘任帝都。

六阳数足功名显，前后引从卿相荐。
传神互克防诤章，课将遍生声誉遍。

三传退间蛇倒拔，三传引进龙飞天。
将逢内战官超转，德禄天门名显传。

鬼曜逢虎号催官，禄神临支当替役。
凶丧罗网返遭迟，富贵日辰丁见疾。

魁度天门龙化蛇，贵临鬼户蛇成龙。
吉课殊情分仕庶，大格异用别贤庸。

天乙卯酉号蹉①微②，朱雀值鬼防黜落。
六处生旺远大推，凡占墓绝亏官爵。

武视太常文视龙，二神切记怕逢空。
龙常克下鸳班憎，丁克龙常灾废丛。

---

① 蹉跎格。
② 微服格。

帝旺临官日辰上，城①吏②龙常仕途畅。
迁期干年支月推，内外日用生克量③。

求财

财明休旺生官忌，彼我干支害合论。
旺禄受脱名偿债，干财传助号还魂。

顺克非凶递生吉，妻防生计兄争力④。
末助初财暗助多，支干相加彼我益。

艰难⑤避难⑥详坐末，塞户度门验发端。
贵坐生合求财吉，财逢空墓最为难。

交车十法损益配⑦，喜遇生合愁破碎。
财乘丁马忌庚辛，壬癸见丁看事类。

鬼财险出须急求，绝财了结入墓忧。
玄武防失内争畏，龙生值喜徐徐收。

奇仪周遍枯木荣，闭口昴星皆不成。
网罗任信空费力，成期须将末合详。

---

① 天城。
② 天吏。
③ 龙常生日比日克日升有内，日生龙常克龙常迁在外。
④ 比肩大旺。
⑤ 谓初中空陷也，要末传见财德长生。
⑥ 谓财坐空绝克脱处也，如是便看，日干下坐财，此谓避难之财坐身下也。
⑦ 三吉七凶。

买卖

交车生合动无迷,末助三般递生奇。
互相生旺愁罗网,死墓如逢怕关妻①。

进步艰难喜末吉②,病符遇生旧更新。
生涯遂意两贵拱,禄神乘旺静无迍。

登天度门分善恶,内战外战察重轻。
生气青龙财叠叠,常乘财印喜盈盈。

龙背兴舟独足利,虎头觅利九丑忌。
闭口源消自不佳,天心周遍财如意。

传进当行间退止,有防生计为财多。
损耗资财因劫众,财爻空绝必蹉跎。

占讼

占讼日辰分主客③,课传官鬼断输赢④。
勾陈带木虎壬并⑤,庭讯须如犯有刑。

子孙制鬼患有救,父母化官祸无伤。

---

① 财墓并关。
② 谓初中空末不空要见财德长生。
③ 日为客,辰为主,先动为客,后应为主。
④ 日上有鬼不利客,支上有鬼不利主。发用克日客输,克支主输。如干支上神受克及干支上下交互相克亦然。
⑤ 谓白虎带旬遁或元遁中之壬也。

大六壬指南

害合区分窥解结①，仍观旺败定灾祥②。

空亡喜惧推亨患，墓库欣桧分结散。
传互克干有众欺，用神内战窝相犯。

末初三般仔细论③，将传间逆祸难伸。
贵罡杜户知殃退，虎鬼乘骐④识祸频。

朱勾克日莫兴词，妄举轻为自投死。
二将若也生日干，勘官昭雪人欣喜。

虎头蛇尾⑤祸不凶，雀入勾乡⑥讼为最⑦。
若犯岁君坐死推⑧，螣蛇夹墓小翻大。

丁动刃逢⑨遭缧绁，龙阳生遇祸消时⑩。
五行决罪⑪明天将，二赦⑫解凶分地支。

兔犬⑬相加防吊拷，鸡蛇⑭发用定成徒。
循环周遍日缠绁，根断源消终馨无。

---

① 逢合事解，逢害事结。
② 逢旺者祥，逢败者灾。
③ 忌末生初鬼。
④ 即马载虎鬼。
⑤ 初虎末蛇。
⑥ 午加辰也。
⑦ 事情重大。
⑧ 朱雀克太岁也。
⑨ 即禄前羊刃煞也。
⑩ 青龙太阳生气也。
⑪ 木主笞杖，火主流血，金主针刃，土主徒禁，水主流罚。
⑫ 即四季天赦及皇恩。
⑬ 卯手戌足。
⑭ 酉巳相加为配。

勾陈白虎同克日，犯法之人遭刑戮。
太岁贵人作恩星①，罪虽至重还轻逐。

格凶定当以凶断，课吉还须作吉推。
鬼贼绝处讼了解②，末传冲处定散期③。

隐遁

天罗地网欲何之，塞鬼登天可遁驰。
传将见凶干上吉，逃生无困不须疑。

干上子孙传鬼贼，患门有救便无伤。
丁马最喜加年命，虎鬼临身祸急防。

有墓昏迷忌两蛇，无遥混沌防蛇虎④。
长生月德避之佳，天目直符逃者苦。

暗鬼克日灾患侵，明犬当门⑤祸自深。
斩关游子天涯去，内战天心途路禁。

远近发用凭休旺⑥，传将最嫌逢墓空。
天地两仪须细玩，避凶趋吉用无穷。

逃亡

追寻达士详日德，捕捉逃奴看支刑。

---

① 谓生日也。
② 要在官鬼绝处上字定绝期。
③ 要在末传冲处上字定散期。
④ 即昴星是蛇虎。
⑤ 戌加亥上。
⑥ 休囚远旺相近。

德克刑神必易获，刑克日德定难寻。

父子夫妻属六亲，还将逐类细详因。
酉婢戌奴观异姓，空阴两魁落处真。

盗窃奸淫论贼邪，伏吟主近无依遐。
里数多寡测魁坐①，谁格善恶定凶嘉。

贼盗

占贼行藏须视鬼，玄神生克看加临。
卜赃失得凭财断，子孙休旺定追寻。

玄武来方看所亡，地支临处知贼去②。
穿户越窗是悬绳③，凿壁逾墙因马御④。

玄居夜地越关梁，午在昼方⑤身莫藏。
丁马交加遁必远，太阳照曜捉还乡。

旬首乘玄度四获，河魁度亥隔难捕。
游都之下访贼人，公胜盗时官克武。

宅逢盗脱家人窃，鬼乘生气去来频。
子孙出现为赶贼，鬼遇刑冲自败擒。

发用为偷即贼身，中传为赃末捕人。

---

① 看戌临何宫以上下数乘之。
② 谓玄武所临地盘之支游于何方也。
③ 神煞。
④ 玄乘驿马。
⑤ 申。

一数至阴详数目，五行生处物藏真。

岁月克玄弥年月，日时伤彼期日时。
首尾相加问不说，财爻空陷赃难追。

六处无武难妄拟，贵顺玄藏自失忧。
课见螣蛇乡邑寇，年乘玄武宦人偷。

循环周遍去复来，罗网破败失资财。
鬼脱乘玄遭盗窃，伏支前后返冲排①。

贵人顺治终玄捉②，天乙逆行初武寻③。
初将比和贼安处，玄神内战分赃争。

岁勾朱虎应自首④，龙合阴丁助有神。
玄武三传日辰土，贼人还归莫告陈。

三传玄神贼居处，初中有克末神寻。
行年上神伤武盗，发使追求早见擒。

盗神未虎勾蛇合，不死遭官被吏绑。
更将玄武三传算，上克下贼即败旋。

天乙顺行贼游走，逆行方识贼藏瞒。
里数但知玄武上，上下相乘数若干。

---

① 伏吟贵顺支前一位捕，贵逆支后一位寻。返吟贼在玄武对冲处也。
② 玄武末传。
③ 玄武初传。
④ 如玄阴见太岁勾雀虎主自首官。

大贼亡神天目星①，贼居其下莫教惊。
亡神旬内甲居乙，天目春辰顺季行。

田蚕

金宜二麦不宜他，水本稻粱须种禾。
火防亢旱宜黍豆，土生万物自温和。

早中晚田三传别，旺相空亡刑害详。
胜光蚕命忌见子，太乙加午忧自僵。

戌黄亥死丑则危，寅茧卯絮申为丝。
辰薄相生本是吉，妇命伤午凶随之。

六畜

楚鱼②周鹿③伏星稽，宋兔④秦鹰⑤暗曜栖。
捕捉狼⑥熊⑦分鲁卫，猎亩狐⑧雉⑨看东西。

戌为犬兮寅属猫，鸡是酉兮马在午。
丑牛未羊喜逢龙，卯骡亥猪怕见虎。
旺相为吉绝墓凶，六畜繁生可日睹。

---

① 如捕大贼须视此二神。
② 巳。
③ 午。
④ 卯。
⑤ 未。
⑥ 戌。
⑦ 亥。
⑧ 卯。
⑨ 酉。

六壬指南卷四
大六壬占验指南

广陵陈良谟公献著　　江都张　翩云我校阅
无城倪长发苏门选集　新安程起鸾翔云参定
古歙庄广之公远编次　鸠兹凌　先昭令校阅

天时

占验一

●戊寅三月己巳日乙丑时，天气亢旱，莱阳台中迟父师因思宗祈雨，占何日有雨。

```
            遥克  玄胎
     六   空   青   常
     亥   寅   丑   辰
     寅   巳   辰   巳

           官  寅  空
           财  亥  六
           子  申  贵

     寅   卯   辰   巳
     丑            午
     子            未
     亥   戌   酉   申
```

○断曰：巳午之日先有狂风起，出旬甲日小雨，乙日大雨。盖斗罡加未为风伯，发用功曹，劫杀克日，故主有狂风。又贵登天门，龙神飞天，皆行雨之象。因中末亥申空亡，故言出旬有验。甲日小雨者，乘休气空亡也。乙日大雨者，子卯相刑也。

占验二

●丁丑十二月丁酉日癸卯时，江西前刑部兵长垣讳应遴曾先生，因雪后天气昏沉，自将禽数断云："明日必雪。"予以六壬断。

<pre>
            别责
    空 常 勾 空
    巳 未 卯 巳
    未 酉 巳 丁

        子 丑 朱
        比 巳 空
        比 巳 空

    卯 辰 巳 午
    寅   未
    丑   申
    子 亥 戌 酉
</pre>

○断曰：明日无雪且有日色。太阳发用，乘朱雀乃南方火之精也。且三传四课纯阴，阴极阳生，必有日色。至庚日未时有暴风起，酉为风杀，未为风伯，酉与未会故也。又日禄乘白虎加庚，上下克战，故有此应。

占验三

●甲申十二月甲申日癸酉时，予住淮阴时，凤阳施挥使相召守岁，见天气昏沉，占元旦有雪否。

```
虎  勾  蛇  阴
寅  亥  申  巳
亥  申  巳  甲

    鬼  申  蛇
    父  亥  勾
    兄  寅  虎

申  酉  戌  亥
未          子
午          丑
巳  辰  卯  寅
```

○**断曰**：不但元旦有雪，今晚亦雪。因斗罡加丑，阴象也。况申为水母发用，生中传亥水，又乘螣蛇，乃双雪头弯曲之形，是以断今晚、明日有雪。

占验四

●庚寅五月甲戌日辛未时，途中偶遇一人因天气亢旱问何日有雨，口报未时。

```
    比用  连茹
后  阴  六  朱
子  亥  辰  卯
亥  戌  卯  甲

      财  辰  六
          子  巳  勾
              子  午  龙
```

```
午 未 申 酉
巳       戌
辰       亥
卯 寅 丑 子
```

○**断曰**：明日必雨，六日后连雨。天罡加卯，日居贵前，虽三传火土亦主大雨。况龙神飞天，贵人居子，皆行雨之象。第神后加亥，故知明日必雨。辛巳居中传，壬午临巳位，巳中丙火暗与辛金作合，化而为水。又辛壬上见亥子，壬癸加临巳午，果六日后连雨。

占验五

●庚寅五月甲寅日丁卯时，因天气亢旱，闻鸠鸣，遂占一课，看有雨否。

```
        绝嗣  八专
     蛇  空  蛇  空
     子  未  子  未
     未  寅  未  甲

        父  子  蛇
        子  巳  虎
        财  戌  六
```

```
戌  亥  子  丑
酉          寅
申          卯
未  午  巳  辰
```

○**断曰**：鸠虽唤雨，此课乃风大雨小之象。盖以神后发用旬空，中传白虎风杀旬丁，又风伯临干支、会寅，寅中有箕宿好风。岂不今日有风？夜子时填实旬空，岂不微雨？因休废空亡，故略洒尘而已。

占验六

●甲申五月己丑日庚午时，偶见有大晕围绕，众皆曰此祥瑞之气，应于福济，予袖传一课。

元首　迎阳

白	玄	蛇	六
巳	卯	亥	酉
卯	丑	酉	己

鬼　卯　玄
父　巳　白
兄　未　龙

未	申	酉	戌
午			亥
巳			子
辰	卯	寅	丑

〇**断曰**：发用玄武贼符，克干克支，盖干为天位而乘败气，支为社稷而见死神，且岁君临灭没之方，贵人又不得地，中州吴越必失封疆，君国败亡之象。后福藩登位一载而失国，此其应也。

地理

占验七

●庚寅五月乙酉日戊寅时，庠友刘二兄占风水吉凶。

```
乱首  涉害  不备
龙   阴   阴   六
未   寅   寅   酉
寅   酉   酉   乙

   财  未  龙
   父  子  贵
   子  巳  虎
  戌 亥 子 丑
   酉      寅
   申      卯
  未 午 巳 辰
```

○断曰：此风水在西山，无真龙正穴。然不备之中，亦有好处。何以论之？玄武为风水，临卯加戌，是西北山岗也。未为来龙，虽空，乘进气。螣蛇为穴，加亥落空，喜乘旬丁、长生，主穴活泼有情。然美中不全，亦有可取。喜贵人左旋，逆水之局。四课下寅之对冲为对案是申，理合艮山坤向，兼丑未分金也。勾陈主明堂，阴阳二将，见财官幕贵。朱雀河魁建丙临巳，是对案山，出文明富贵，利于中房也。但嫌子爻空战，定艰于子息。酉为日之胎神，阴见寅木生巳火子爻，辰年十一月酉日，主婢妾有妊，连生两儿。因巳为双义故也。但玄武建辛，主坟边小路克比肩，与兄弟宫有碍。况龙虎空战，长季房分人财不旺。后阴为水口，螣蛇作罗城，喜与紧关包固，但初中两传财贵逢空，一二代虚利虚名。末传子爻为支之长生学堂，阴神河魁乃文明之宿，三代中房长房子孙，必出青衿科甲之贵，又兼武权之职。存此一案，以俟后学依而断之。

婚姻

占验八

●己丑五月癸酉日辛酉时,相知友人李庚,自占续弦婚姻成否。

   蒿矢 退茹

  阴 玄 空 龙

  未 申 亥 子

  申 酉 子 癸

   鬼 未 阴

   财 午 后

   财 巳 贵

 辰 巳 午 未

 卯   申

 寅   酉

 丑 子 亥 戌

○**断曰**:占婚必成,成后必有讼。盖因干支上下相合,支上神又生干,女愿与男连姻。喜财官旺相,夫妇偕老,有子之象也。有讼者何?中末生助初鬼,克害日上龙神。又财乘旬鬼,必主因妻致讼。娶月余,前夫之弟告理,破财百金。庚寅岁果生佳儿。

孕产

占验九

●丁丑十月癸丑日辛酉时，大司理讳化淳曹公奉上传令，灵台牌子太监陈国用，占东宫田妃六甲。

```
    元首   反吟
  朱   常  朱   常
  丑   未  丑   未
  未   丑  未   癸

    鬼   未   常
    鬼   丑   未
    鬼   未   常

  亥  子  丑  寅
  戌          卯
  酉          辰
  申  未  午  巳
```

○**断曰**：此男子之祥也，然生而难育，应在卯年。盖因纯阴返阳，支上神与支相比，故主男必矣。然而卯年不育者何也？胎神夹克无气，此追魂之魔，卯为东宫子宿，受酉将阴杀冲克，是以知其卯年不育。未几，田妃生第六子，卯年命殒。

占验十

●庚辰三月辛卯日丙戌时，予寓埂子街，邻人江右傅姓者求占六甲。

```
    伏吟  龙战
  蛇  蛇  常  常
  卯  卯  戌  戌
  卯  卯  戌  辛

      财  卯  蛇
      子  子  阴
      财  卯  蛇
```

```
  巳  午  未  申
  辰          酉
  卯          戌
  寅  丑  子  亥
```

○**断曰**：此必双胎，皆男子也，主八月戌日辰时生，母子清吉。何以知为双胎？以月建重叠，作胎神乘旺气故也。何以知为两男？卯属震为长男，日上河魁，干宫所属，亦男也。何以知八月生？酉冲卯胎。戌日辰时者，戌为养神，俟辰来冲干上戌也。

占验十一

●丁丑年四月乙酉日乙酉时，嘉兴冯尔忠占六甲。

```
重审  斩关  伏吟
后    后   勾   勾
酉    酉   辰   辰
酉    酉   辰   乙

      财   辰   勾
      鬼   酉   后
      兄   卯   青
```

```
巳  午  未  申
辰          酉
卯          戌
寅  丑  子  亥
```

○**断曰**：产必双胎，一男一女，然男必生而女必死。何也？酉为日之胎鬼死气，偏房婢室之孕不言矣。但末传卯作支之胎神生气，中传酉兑为少阴，末传卯震为长男。其男子生者，胎财生气也。女子死者，作死气日鬼也。

占验十二

●己丑二月辛丑日己亥时，偶有一回子烦庠友孙石渠占生育，将所占课与予断看吉凶。

```
天狱  重审  退茹
 玄   阴   空   虎
 亥   子   申   酉
 子   丑   酉   辛

      子  子  阴
      子  亥  玄
      父  戌  常
   辰  巳  午  未
   卯          申
   寅          酉
   丑  子  亥  戌
```

○**断曰**：占产难生，子母皆亡。友人曰：一手先出矣，据课子必难保。予曰：不然。先母生子时，先一日晚手出，次早脚出，母子无恙。此课河魁渡亥子被阻隔，天狱无冲，其子何由而出？日干上虎乘遁鬼，支上子乘游魂。天后象母，受寅贵劫煞制克，是以子母不保。未几，子未出母已死矣。

占验十三

●甲子四月癸卯日戊午时，予同公明长兄访徽州戴羲宇占课。

蒿矢　不备

朱　贵　贵　阴
未　巳　巳　卯
巳　卯　卯　癸

鬼　未　朱
父　酉　勾
兄　亥　空

未　申　酉　戌
午　　　　　亥
巳　　　　　子
辰　卯　寅　丑

余问戴曰："知来意否？"戴曰："时为日之胎神，必为六甲占也。"余曰："然，男乎？抑女也？"曰："干上卯属震，长男之象。又是幕贵，三传四课纯阴，阴极阳生，生贵儿必矣。且支加干，俯首见子，生必顺利。但四课不备，未能足月。""生于何时？"曰："六月生。"后果一一如所断。余又细看之，子冲胎神，子上见寅，子日寅时生。

考试

占验十四

●庚寅七月甲申日丙寅时，宜陵景兄占府院试可入泮否。

交车　重审　玄胎

后　朱　龙　常
寅　亥　申　巳
亥　申　巳　甲

鬼　申　龙
父　亥　朱
兄　寅　后

申　酉　戌　亥
未　　　　　子
午　　　　　丑
巳　辰　卯　寅

　　○断曰：不但府试高取，院考定然首荐。盖因月建旬首发用。龙朱乘旺相，现于初中，末传德禄驿马，又干支交车生合，传将进引，斗罡天喜加行年，朱雀乘丁神进气，文字必贴主司之意。且格合天心，主非常喜庆，掀天揭地也，是以首荐无疑。又问：该就府送考，该就司送考？予曰：六合加于辰未，商籍稳妥，后果首进。

占验十五

●壬午五月丙戌日己丑时，予住淮安都府前，有江阴六壬袁友，为宿迁陆庠友讳奋翼者占考试。

```
不备  知一  度厄
蛇   空   常   蛇
子   巳   未   子
巳   戌   子   丙

      鬼 子 蛇
      兄 未 常
      父 寅 六

子   丑  寅  卯
亥            辰
戌            巳
酉   申  未  午
```

○**断曰**：院试必取，科举省试未能遂志。问曰：史抚台已升凤督去否？余曰：必不能去。盖因驿马坐墓，干神归支，静象也。又问女病，余曰：胎鬼发用，血忌加支，又四课不备，病主脉息虚弱，心胸不利，以致失血，必因胎产所致，冬月不保。又问：宿迁合战，安堵否？余曰：贼符加干支，冬月必有兵警，然日之阴阳自是中传制初，来兵败怯而退。干神生支，居守保固，无破城之患。后四事皆验。

乡试

占验十六

●癸酉七月辛卯日庚寅时，扬州明经宗开先先生偕张向之来占科场事，报寅时。

```
       涉害  曲直
    龙  蛇  贵  常
    亥  未  午  寅
    未  卯  寅  辛

        父  未  蛇
        子  亥  龙
        财  卯  玄
    酉  戌  亥  子
    申          丑
    未          寅
    午  巳  辰  卯
```

即今中矣。曰：何以报一时即知其中。盖因先锋为幕贵，且临日上。月将官贵又加寅命，是以必中无疑。然发用未作旬空，必俟未年太岁填实，方中甲榜。

占验十七

●戊子八月丙辰日，余住金陵时，右方伯东省孙兴功老师写本日辰时，又写酉时，占两人乡试。

玄胎	斩关	伏吟
青	青	空 空
辰	辰	巳 巳
辰	辰	巳 丙

比 巳 空
财 申 玄
父 寅 六

巳	午	未	申
辰			酉
卯			戌
寅	丑	子	亥

○**断曰**：辰时者前，列酉时者次之。盖缘天罡为领袖之神，从魁幕贵在后，故云。及排辰时课，三传巳申寅，干乘德禄，支见月将青龙，又禄马入传，凡士子已试后得伏吟，必中。酉时三传子未寅也。初传太岁空战，幕贵，又入墓库，故次之。发榜时，辰时者陆可球中二十二名，酉时者常熟赵姓中副卷，此二者俱以时断中也。

占验十八

●丁卯八月乙巳日甲申时,浙金华何伴鹤来扬相访,予老母求占,汝兄弟乡场中否?

```
蒿矢　从革
玄　蛇　常　贵
酉　丑　申　子
丑　巳　子　乙

    鬼　酉　玄
    子　巳　龙
    财　丑　蛇
丑　寅　卯　辰
子　　　　　巳
亥　　　　　午
戌　酉　申　未
```

○**断曰**：昆弟皆中，午命在前，亥命在后。盖因蒿矢见金，如箭有簇，自四发用，箭数合式。朱雀翱翔，文事武备皆得之矣。且贵临贵位，必得两贵周旋推荐而中，发榜后果前后一一不爽。问曰，何以分前后？因三传逆合，又午命甲寅，亥命丁未，故知之。

会试

占验十九

●丁丑正月己巳日己巳时，滕县讳盛美张公祖有八门生会试，请六壬诸友所断之课持出与余占。

```
        无禄
青 贵 六 阴
未 子 酉 寅
子 巳 寅 己

    子 酉 六
    比 辰 常
    财 亥 蛇

子 丑 寅 卯
亥         辰
戌         巳
酉 申 未 午
```

○**断曰**：惟戊戌者必中，余皆不然。众友与余争云，属牛属虎者中。予云：发榜时自验。张公曰：公之断即与众不同，此乃吾本房首卷，亦望其中，然昨阅其文，恐未必然。余曰：初末暗拱戌命，月将甲贵临年，是以中甲无疑，朱雀又生幕贵，其文甚贴试官之意。及发榜果中，始知为常熟蒋畹仙也。

占验二十

●甲戌二月戊辰日丙辰时，长兴前刑垣礼部讳继廉王公祖，令小童持字来占。

```
        反吟  玄胎
    玄   六   常   朱
    辰   戌   巳   亥
    戌   辰   亥   戌

        父  巳  常
        财  亥  朱
        父  巳  常

    亥  子  丑  寅
    戌           卯
    酉           辰
    申  未  午  巳
```

○断曰：素所占者皆不许中，惟此君必中高魁。曰：何也？盖因戊日返吟，是德入天门发用，又丑未两贵相加，斗鬼合为魁字，是以必中高魁，不须疑虑，冲克生空，必荷圣恩之象。及放榜后，王公祖三公子偕来相顾，乃长兴周仲璜先生也。

占验二十一

●癸未二月乙丑日己卯时，何九叙为泰州孝廉宫子玄占会试。

```
      从革    周遍
   青   玄   常   贵
   巳   酉   申   子
   酉   丑   子   乙

      子   巳   青
      财   丑   蛇
      鬼   酉   玄
      丑   寅   卯   辰
      子         巳
      亥         午
      戌   酉   申   未
```

○**断曰**：此课占会试，必中无疑。缘传将递生，格合周遍，且干支交车生合，文思滔滔，题目合举干之意。又喜朱雀遁丙乘旺，主文章华藻，正合时宜。主试官推荐高甲，当寄声卓翁。

占验二十二

●丁丑二月癸未日戊午时，同乡孝廉孙大宜先生口报午时，占会试中否，予袖传一课。

涉害　从革

阴　空　勾　贵
卯　亥　酉　巳
亥　未　巳　癸

印　酉　勾
官　丑　常
财　巳　贵

酉　戌　亥　子
申　　　　　丑
未　　　　　寅
午　巳　辰　卯

○断曰：贵德财马临身，且居太岁之位，必应今年甲榜。况年上月将青龙，主片言入相，又旬首河魁为官，乃文明之宿，二者会于行年，定是今年甲榜。后果然。

占验二十三

●戊辰八月甲戌日丁亥时，占长兄公明进京会试。

```
     炎上  重审  斩关
      后   虎   虎   六
      寅   午   午   戌
      午   戌   戌   甲

         财  戌  六
         子  午  虎
         兄  寅  后
         丑 寅 卯 辰
         子       巳
         亥       午
         戌 酉 申 未
```

○**断曰**：吾兄必联捷而去。盖因河魁临干发用，贵居命年上下。又太阴临卯，传将递生，格合盘珠，喜朱雀遁乙奇乘长生旺气，文字甚贴试官之意，传送加子箭中中垛，是以中甲无疑。发榜时果中三十九名。后官至大元戎，晋官衔，封治安伯。

占验二十四

●丁丑二月乙未日丙戌时，安庆保举明经，阮实夫代刘若宜先生占会试。

蒿矢　连茹
后　常　朱　六
酉　申　午　巳
申　未　巳　乙

鬼　酉　后
财　戌　阴
父　亥　玄
午未申酉
巳　　　戌
辰　　　亥
卯寅丑子

○**断曰**：为人代占，今年必中。盖发用日鬼皇恩，中传河魁天喜，末见长生太阳，最利试场之象，支见幕贵官星。又朱雀生太岁，文字华藻合时。课名革故从新，更乡科而中甲榜，必无疑矣。但嫌干支上乘互绝，居官未能远大。后补刑部主政，恬退不仕。又为代占会武会中两名亦此课。予曾占病亦死二人。

占验二十五

●丁丑二月乙未日辛巳时，太仓吴孝廉讳克孝者，偶至安庆阮实夫寓中，相晤间占会试。

```
稼穑  反吟  斩关
龙   后   常   朱
未   丑   辰   戌
丑   未   戌   乙

     财   戌   未
     财   辰   常
     财   戌   未

亥  子  丑  寅
戌         卯
酉         辰
申  未  午  巳
```

○断曰：三传年命魁罡俱空，如何敢许甲榜？但丑未年丑未日丑未合而为魁，又是必中之象。但中后居官未能满任，即有丁艰之事。盖传课纯财，则印爻被克矣，吾乡阎和阳先生辛未会试，乙丑日占得返吟而中，亦此课也。

仕宦

占验二十六

●辛未三月甲申日辛未时，莱阳运芝莱、吉安王旋官两父师代占升迁。

```
        重审  玄胎
    后  朱  龙  常
    寅  亥  申  巳
    亥  申  巳  甲

        鬼  申  龙
        父  亥  朱
        兄  寅  后

    申  酉  戌  亥
    未          子
    午          丑
    巳  辰  卯  寅
```

○**断曰**：此课大吉，推升官爵必的。何以言之？课中龙常并见，城吏全逢，初传青龙内战，必有奇遇趋迁。中传朱雀生日，中有公卿交誉。末传驿马德禄俱入天门，居官定然显赫。寅为天吏，天后为恩泽，非天官而何？后屡旨另推七次，终点闵总宪为家宰。然式中贵履地网，龙神下贼，主自欲退位，次年夏，果请告归里。

占验二十七

●丁丑七月戊辰日丁巳时，淮阴蔡熙阳任北京中府时，占楚省杨大司马何日罢官。

```
      连茹  别责
   龙  勾  空  龙
   午  巳  未  午
   巳  辰  午  戌

      鬼 寅 蛇
      印 午 龙
      印 午 龙

  午 未 申 酉
  巳         戌
  辰         亥
  卯 寅 丑 子
```

○**断曰**：司马寻入相出将矣。而以去任卜之，可乎？盖因发用驿马螣蛇，中末月将青龙，生日辰年命。又蛇化为龙，太岁作贵居命，皆入相之征也。天罡加卯，静有动机，况课传天吏二马全逢，干支上乘羊刃勾陈，出入将相无疑。戊寅六月，思宗召对称旨，果入相。己卯岁督师剿贼，果出将。

占验二十八

●戊辰年十二月庚寅日庚辰时，徽州汪仙民、邵无奇在京，占少宗伯马康庄能拜相否。

```
          涉害  顾祖
   玄  后  六  龙
   戌  子  辰  午
   子  寅  午  庚

          鬼 午 龙
          印 辰 六
          财 寅 蛇

   卯  辰  巳  午
   寅          未
   丑          申
   子  亥  戌  酉
```

○**断曰**：马宗伯不但不能大拜，且不日还乡矣。何也？凡在朝为官占得顾祖，多不满任。又初中空亡，龙化为蛇，急宜猛省退步，且龙神克下，倘欲强进，定遭不足。后果枚卜不就，次年察处回里。未久弃人间事从赤松子游矣。

占验二十九

●丁卯十一月甲子日己巳时，云间杨方壶太史自燕京抵扬索占。

三交　元首　高盖

龙　常　白　阴
午　酉　申　亥

酉　子　亥　甲

子　午　龙
比　卯　朱
父　子　后

寅　卯　辰　巳
丑　　　　　午
子　　　　　未
亥　戌　酉　申

○**断曰**：龙神发用无气，又上克下，是以暂归林下。明春禄马生龙神，定然出山，由此位践公卿。太史曰："星家云，十二月久利日，更有当涂雅荐。"曰："前此何月不利?"余曰："勾龙刑克申酉，七八月间不利。"曰："因何不利?"答："嫌德蛇相加，有邪正同处之非耳。"又问何如，曰："传中太岁朱雀遥克年上贵人，必为门户是非。"太史遂默然。次年春初果起官，历转宫詹。

占验三十

●庚午十二月丁未日庚戌时，迟王两父师偕予入觐，时行至东门请占之课。

```
        八专    斩关
    常  后  常  后
    丑  戌  丑  戌
    戌  未  戌  丁

        丑  亥  阴
        子  戌  后
        子  戌  后

    申  酉  戌  亥
    未          子
    午          丑
    巳  辰  卯  寅
```

〇断曰：所占必是显宦。何以知之？盖发用官贵日德，而式中贵人又居岁君日禄旺位，断非寻常之官。曰："此公将来若何？"答曰："不能久任。"何也？干支乘墓，禄马空陷，又太阳入山，岂能久居庙堂乎？次年三月因言请归。后知为大冢宰王射斗先生也。

占验三十一

●丁丑四月丙申日丁酉时，安庆阮实夫在燕京索占，不言所事。

伏吟 玄胎

蛇　蛇　勾　勾
申　申　巳　巳
申　申　巳　丙

兄　巳　勾
财　申　蛇
父　寅　虎

巳　午　未　申
辰　　　　　酉
卯　　　　　戌
寅　丑　子　亥

○断曰：仕途得此，主有台省参劾，秋解任去。"然系何命？"曰："癸酉。"余曰："此公必居相位，但不久留矣。"何以知之？太阳日贵临命，非宰相而何？独嫌三传递克，伏吟丁马，定有参劾行动之事。况太阳西坠，挥戈返景，能几人乎？后知为乌程温首揆，占后果被论，秋月准驰驿而归。

占验三十二

●丙子二月辛巳日辛卯时，湖州陆金吾占总镇陈东明奉命出师江东。

```
        元首　炎上
      玄　青　勾　贵
      酉　丑　寅　午
      丑　巳　午　辛

         官　午　贵
         财　寅　勾
         印　戌　常

      丑　寅　卯　辰
      子　　　　巳
      亥　　　　午
      戌　酉　申　未
```

○断曰：春得炎上进气，又合元首三奇，高爵宰官不复言矣。但干败支墓且乘火鬼，天魁合中犯煞，透易旅之九三旅焚其次，丧其童仆，贞厉。不惟兴师无济，且有他虞。即官至卯年亦不见利。由卯上乘白虎驿马，名为回马。虽是剥官之煞，幸结木局，生起初传官星，故仅撤回剿贼。庚辰太岁受克，子水司令制伤火局，退位俱验。

占验三十三

●丁丑八月己未日戊辰时，经筵讲官安庆阮胤平太史云："先日吴门申相公以八年讲官拜相，吾今亦八年，枚卜如何。"

八专

玄　常　玄　常
酉　申　酉　申
申　未　申　己

比　未　虎
子　申　常
子　申　常

午未申酉
巳　　　戌
辰　　　亥
卯寅丑子

○断曰：太史虽有公卿推荐，恐不能也。曰：何以见之？盖因日比虎刃自他处发用，突有秦人，任风宪兵刑之职者，不由词馆入阁。且中末干支年命俱见罗网，是秦晋梁益之人在中阻隔。又夜贵居本命，太史必赋归来矣。后果点秦中薛国观先生、蜀中刘宗伯入阁。

占验三十四

●辛未四月己未日戊辰时，东省兵长垣仇庸足先生占。

<pre>
        八专　曲直
    玄　蛇　玄　蛇
    卯　亥　卯　亥
    亥　未　亥　己

        财　亥　蛇
        鬼　卯　玄
        足　未　龙

    酉　戌　亥　子
    申　　　　　丑
    未　　　　　寅
    午　巳　辰　卯
</pre>

○**断曰**：此课占功名，将来远大，非常格也。曰：何以论之？传将木局，官星峥嵘，喜本命丁马恩星以化之，为逢凶化吉，遇难呈祥之象。且木逢初夏，正在荣旺之际，又蛇化为龙，将来事业日新，功名显赫，不待言矣。后历任通州，擦重南大司农、大司马，请告归里。

占验三十五

●癸酉七月甲寅日壬申时,浙嘉善讳龙正陈先生在京会试时,占同乡少宗伯讳士升钱太史可能入相否。

<pre>
        元首
    玄 后 玄 后
    戌 子 戌 子
    子 寅 子 甲

        财 戌 玄
        鬼 申 虎
        子 午 龙

    卯 辰 巳 午
    寅   未
    丑   申
    子 亥 戌 酉
</pre>

○**断曰**:发用干支旬空日败,本不许入相。然余终以入相许之。何也?因中传驿马皇诏,末传月将青龙,又岁建乘太常作官星加临年命。《经》曰:太常入官,乡当朝执政。月将乘青龙,片言入相。非宰执而何?但嫌龙神克岁君,将来必不获意于君上而退位。后如其占。

占验三十六

●癸酉二月甲子日己巳时，丹阳贺中怜先生居大寅台时请占。

反吟　玄胎　见机

蛇　虎　后　龙

子　午　寅　申

午　子　申　甲

　兄　寅　后

　鬼　申　龙

　兄　寅　后

亥　子　丑　寅

戌　　　　　卯

酉　　　　　辰

申　未　午　巳

○断曰："朝官占此，必主去位。"贺曰："未去。"曰："是何年生。"曰："己丑日。""此必会状之命，但不能久居于朝堂矣。盖见任得夜贵即为不仕闲官也。况干支乘死绝，又德丧禄绝，四月尚有温旨相留，交秋必驰驿而去。朱雀月将加巳生日，我知其四月有温旨相留。课传二马冲我，知其交秋驰驿而去。"后知为宜兴周首揆占。

占验三十七

●戊子四月丙子日壬辰时，予住金陵时，东省孙兴功老师，占左方伯赵福星公祖何日升迁。

```
          知一  反吟
    后  龙  空  贵
    子  午  巳  亥
    午  子  亥  丙

         比  午  龙
         鬼  子  后
         比  午  龙

    亥  子  丑  寅
    戌          卯
    酉          辰
    申  未  午  巳
```

○断曰：在仕占得此课，不惟官难满任，且有意外之忧。何言之？龙神乘旺气发用，理应升迁，但恶太岁作鬼，冲克青龙，惊灾所不免。且财官禄马俱入空绝，意外之虞必应。六月升扬州抚台，余自叹所占不验，未几疽发于背而死。余然后信其数之莫能逃也。

占验三十八

●丁丑七月甲戌日己巳时,浣中阮胤平太史,占经筵讲官曲沃李括苍太史枚卜果否。

```
        重审  升阶
    后   阴   六   朱
    子   亥   辰   卯
    亥   戌   卯   甲

        财   辰   六
         子   巳   勾
         比   午   龙

    午   未   申   酉
    巳           戌
    辰           亥
    卯   寅   丑   子
```

○**断曰**:太史将来大拜,目今尚未可得,还有丁艰之事。刘太史曰:"括苍无父母,如何丁艰。"答曰:"仕宦逢罗网,主有此应。目下未得入相者,盖嫌初传辰卯相害,中传勾陈脱气,喜末传月将青龙,是以将来大拜。"后屡次枚卜,未点入阁,己卯丁庶艰,至癸未冬月始拜相,奉命督师剿贼。

占验三十九

●丁丑八月丙申日癸巳时，浣中刘胤平太史，占楚省袁副院鲸及同乡大司空郑玄岳两先生枚卜果否。

```
      伏吟  玄胎
  玄  玄  空  空
  申  申  巳  巳
  申  申  巳  丙

      比  巳  空
      财  申  玄
      父  寅  六

  巳  午  未  申
  辰          酉
  卯          戌
  寅  丑  子  亥
```

○**断曰**：两公俱不能入相，且主台省弹劾而回。何也？盖三传递互刑克，全无和洽之气，刚日伏吟见马，归象已兆。此非台省有言而回乎？后两公枚卜不果，袁公当被参去，郑公为钦件下狱拟罪而归。因郑命见地网日墓，是以罹祸尤重。

占验四十

●甲申十二月辛亥日丁亥时，予住无为州时，长兄公身占藩镇黄虎山功名。

```
      知一  曲直
  虎  后  常  乙
  未  卯  午  寅
  卯  亥  寅  辛

     父  未  虎
     子  亥  六
     财  卯  后

  酉  戌  亥  子
  申          丑
  未          寅
  午  巳  辰  卯
```

○断曰：据此课象，藩台不得善后矣。何以明其然也？课中千乘绝气，支见死神，两贵空亡，禄神受制，功名安得久长。且官星空矣，谁与居位？营垒空矣，谁与御侮？财星空矣，谁与生官？况太阳西坠，桑榆之返照无多。冬木逢空，腐朽之折伤必应。岁在大梁，余言必验。曰："以何故不利？"曰："明岁行年酉为自刑，破坏木局矣。"次年五月御敌自刎。

占验四十一

●辛未四月丁酉日癸卯时,同乡彭城卫经历刘一纯,占梁大司马今推冢宰可允否。

```
      重审  斩关
   贵 龙 阴 六
   亥 辰 酉 寅
   辰 酉 寅 丁

       鬼 亥 贵
       比 午 虎
       子 丑 朱

   子 丑 寅 卯
   亥       辰
   戌       巳
   酉 申 未 午
```

○**断曰**:不惟不迁,寻常退位。何也?日马坐墓库,禄神临绝地,传将又逆行故耳。况命上官贵履天罗,年上螣蛇做日鬼,交夏月应有一番风波。幸官鬼俱空,官禄退位却无大咎。后以浙省大行水公参劾,请告而退。东省万公名应斗者,在辰时壬申又占此,亦逮问拟罪而回。

占验四十二

●戊寅三月丙寅日辛卯时，东省沂州讳昌时王大行来燕京寓中索占。

知一　涉害　周遍

青　阴　常　蛇
辰　酉　未　子
酉　寅　子　丙

官　子　蛇
子　未　常
父　寅　六

子　丑　寅　卯
亥　　　　　辰
戌　　　　　巳
酉　申　未　午

　○断曰：在朝官占得此课，主有台省参劾。盖因官贵履天罗之地，禄马入空墓之乡。且身宅坐墓，必自甘受人欺，终难解脱。又传将逆行，仕途得此理应请告而退，否则必挂弹章矣。后知为田大冢宰而占。果如其言，伊子仍被逮下狱。

占验四十三

●壬午九月丁亥日丁未时,予住埂子街,一僧人偕十余人相顾,丙午命人索占。

```
        元首  玄胎
 空  玄  朱  龙
 巳  申  丑  辰
 申  亥  辰  丁

     比  巳  空
     父  寅  六
     鬼  亥  贵

 寅  卯  辰  巳
 丑          午
 子          未
 亥  戌  酉  申
```

○断曰:"来意必为功名,公乃未年甲榜。"曰:"然。"盖因贵德官星临年,月将青龙居干,且羊角相加,故应未年高第。曰:"该做京官做外官。"曰:"岁居干后,日生青龙,理宜先京职而后外任。嫌身禄不得地。此去身不安而禄不养,况岁君临嗔怒之所,此番当为国家起见耳。"后知吴门钱大鹤先生也。李贼破京遂归。

占验四十四

●壬午十二月甲午日辛未时，江西南大司马熊潭石先生，因河北声息紧急，聘予上金陵，随占一课。

```
        知一    铸印
     玄   朱   蛇   空
     辰   亥   子   未
     亥   午   未   甲

            父   子   蛇
            子   巳   常
            财   戌   六

     戌   亥   子   丑
     酉            寅
     申            卯
     未   午   巳   辰
```

○断曰：熊司马功名非久远之象，来年秋初，必解任去。盖初传岁破内战，命上龙马克下，必因宰执招非，上台不足，燕京有奏，自欲请退。且斗系日本，幕贵临干，为仰丘俯仇，干墓支绝，种种不佳。惟喜奇仪天赦发用，朱雀皇诏作恩，定然好旨归里。后果如所占。

占验四十五

●戊寅二月辛丑日癸巳时，东省刘太史讳正宗者相召，座间索占，余袖传课以答之。

重审、周遍，辰巳空、酉戌落空

```
龙  贵  朱  玄
亥  午  申  卯
午  丑  卯  辛
```

```
财  卯  玄
比  申  朱
父  丑  虎
```

```
戌  亥  子  丑
酉          寅
申          卯
未  午  巳  辰
```

○**断曰**："太史所占是一外官，曾经降罚者。"曰："何以知之？因日生青龙，又上克下故也。"曰："家兄任太平知府，为钱粮降罚，看有碍迁升否。"余曰："支首干尾，格合周遍，何碍升迁。""在何时？"余曰："青龙离支六位，初传月建催官，中传天马，传送为驿邮，为兵马，为直符，七月内必升吴分兵宪。"后果升嘉湖驿传兵宪。

占验四十六

●癸酉八月壬戌日戊申时，丹阳贺中怜先生任大寅台时，占升迁吉凶若何。

```
          元首  玄胎
       蛇  阴  贵  空
       辰  未  巳  申
       未  戌  申  壬

          财  巳  贵
          子  寅  六
          比  亥  空

       寅  卯  辰  巳
       丑          午
       子          未
       亥  戌  酉  申
```

○**断曰**：目今必然荣转，日后因他人之事请告。盖因传将递互相生，城吏二马出现，定有公卿推荐，但嫌鬼临三四，必主他非退位。曰："应于何年？"曰："丁丑行年蛇墓克日，必自惊忧而退。"月内升天津巡抚，后以标官劫皇销事发，请告回里。

占验四十七

●戊子六月乙未日癸未时，山右司化南在淮阴占得此课。己丑正月写出，求断何官所占。

```
      重审  曲直
   玄  蛇  贵  勾
   卯  亥  子  申
   亥  未  申  乙

      父  亥  蛇
      兄  卯  玄
      财  未  青

   酉  戌  亥  子
   申          丑
   未          寅
   午  巳  辰  卯
```

○**断曰**：此是林木舟车官也，非科甲中人，却作科甲之官。将来功名远大。何以论之？夏占木局，枝叶正见茂盛，况蛇化为龙，定然居官荣耀。因幕贵坐空，是以不由科甲也。卯为林木舟车，见于中传，故知为舟车之官。曰："果何官？"曰："印爻发用，末传皇恩，必是恩荫之官。"曰："可能升兵宪否。"曰："正官在日，偏印居支，先升知府，后转司道。"曰："此清江刘工部所占也。"后果升镇江太守。

占验四十八

●丁卯正月丁巳日癸卯时，京营参将涂松亭先生，为彭南溟占升迁。

```
      蒿矢  玄胎
   贵  六   常  青
   亥  寅   丑  辰
   寅  巳   辰  丁

      鬼  亥  贵
      财  申  玄
      兄  巳  空
      寅  卯  辰  巳
      丑          午
      子          未
      亥  戌  酉  申
```

○断曰：太岁月建生日，目今必然迁擢，多是山环水绕之地。盖支为任所，寅艮为山，与亥水相合，故应此地。发用蒿矢建金即箭有簇，又贵德驿马入传，财官城吏全逢，催官迅速之兆。但忌日之阴阳制官，须防陈王田姓人为祟。癸亥日随授南京巡捕营都司，未几，田大司马以添注参将罢之。

占验四十九

●庚辰正月丁丑日癸卯时，同乡潘云从占安庆抚台郑潜奄公祖升迁。

元首　从革

空　阴　贵　勾
巳　酉　亥　卯
酉　丑　卯　丁

比　巳　空
子　丑　朱
财　酉　阴
丑　寅　卯　辰
子　　　　　巳
亥　　　　　午
戌　酉　申　未

○**断曰**：不惟难以迁转，且当请退。盖传将递生空亡，太岁龙神落陷，互乘死气。诸事只宜休息，况春得金局名四时返本，定然官难满任。一交巳年即宜请告。巳年果被安庆缙绅参劾而回，又被徐抚台接参，奉旨逮问，李贼破燕方归。

占验五十

●庚寅二月癸卯日壬子时，偶会徽友程孝延程翔云，因引部孙杨二公京师议论未定，占看来否。

```
  重审   乱首   回环
  勾    朱    空    勾
  亥    丑    酉    亥
  丑    卯    亥    癸

       鬼  丑  未
       兄  亥  勾
       父  酉  空
```

```
卯  辰  巳  午
寅           未
丑           申
子  亥  戌  酉
```

○断曰：引部四月必来赴任，但居官不久耳。以两贵旺相，且虚巳贵以合三传之局，故知其四月赴任也。但嫌太岁克战，三贵空陷，虚喜而已。况传将退入极阴，格合回环，必主来而复去。故知其居官不久也。又干神临支，被支所克，纵来亦失意之象。果五月奉旨撤回，六月驿马加未行矣。

占验五十一

●辛未四月己未日戊辰时，东省吏科宋太斗先生，在仇兵科宅中占功名。

<pre>
八专　绝嗣　铸印
白　贵　虎　贵
巳　子　巳　子
子　未　子　己

　　父巳虎
　　兄戌朱
　　鬼卯玄

戌　亥　子　丑
酉　　　　　寅
申　　　　　卯
未　午　巳　辰
</pre>

○**断曰**：月内定转长垣，居官难以久任。盖因月建虎马发用，其力更见雄矣。又铸印乘轩，定应迁转。但嫌贵临空害，故难久任耳。果随转吏长垣，后因提武场事，降大行。

占验五十二

●辛巳十月己未日癸酉时，东省莘县工部孙兴功父师仕扬刻文时占功名。

八专　铸印　绝嗣

虎　贵　虎　贵
巳　子　巳　子
子　未　子　己

父　巳　虎
兄　戌　朱
鬼　卯　阴

戌　亥　子　丑
酉　　　　　寅
申　　　　　卯
未　午　巳　辰

○断曰："仲冬月令，必有起官之征。"曰："何以见之？""子上贵人虽空，幸乘进气，交仲冬子水司令，填实旬空矣。且喜虎马丁神发用，作岁君生日，又四墓覆生，已废复兴之象。起官何疑乎？"后果然。凡有官君子得此，定主迁官转职，面君奏事。次年冬，推补兵部车驾司。

占验五十三

●戊子年七月丙寅日己亥时，扬州兵盐道胡公祖相召，未去，随令乔中军来占，指一晚字，算十二笔，用亥时。

```
    涉害  周遍
白  贵  阴  六
辰  酉  未  子
酉  寅  子  丙

    鬼  子  六
    子  未  阴
    父  寅  龙

子  丑  寅  卯
亥          辰
戌          巳
酉  申  未  午
```

○**断曰**："日得夜时，见官贵旬空，返为不祥之占。"曰："何也？""盖因太岁发用克日，传将递互相克，提防台谏封章。且龙神克下，主君上台谏不喜。况干支俱伤，日禄空墓，秋末冬初定有他忧。"后请告未久，随被北台参劾勘问。

占验五十四

●戊寅二月丙午日戊戌时，淮阴蔡熙阳任汉中府时，占推吴淞总戎可得否。

```
        涉害 斩关
    白  贵  常  蛇
    辰  亥  卯  戌
    亥  午  戌  丙

        子  辰  白
        财  酉  朱
        父  寅  玄

    戌  亥  子  丑
    酉          寅
    申          卯
    未  午  巳  辰
```

○断曰："先推吾兄后推翁也。"曰："何以见之？""盖因亥贵作官星临支，乃吾兄之命，辰乃翁之命，入辰阴发用，是以先推亥命者，且辰自亥发传，与陈同姓同音，故知如此。"果未及旬日推吾兄吴淞总镇，两月后，推蔡狼山提督。

占验五十五

●丁丑六月己未日甲戌时，浣中刘胤平太史，占会推浣抚成否，日后结局若何。

```
       直曲  八专
    后  六  后  六
    亥  卯  亥  卯
    卯  未  卯  己

       鬼 卯 六
       财 亥 后
       比 未 虎
       丑 寅 卯 辰
       子         巳
       亥         午
       戌 酉 申 未
```

○断曰：目今会推必遂，但结局不佳耳。何也？用合干支，传成官局，推升必矣。但干支死伤丧吊全逢，又贵履天罗，斗系日本，且行年酉金冲破官局，未免大有不如意事，若出兵击贼，必有被围失利之应。其后流贼犯界，统副将程龙、潘可大御之，全军覆没。己卯岁抚军丁艰而归。

占验五十六

●辛卯三月癸酉日乙卯时，偶有扬州府粮厅周公祖相召占课。

```
        涉害  斩轮
    空  蛇  朱  玄
    亥  辰  卯  申
    辰  酉  申  癸

        子  卯  朱
        官  戌  虎
        财  巳  贵

    子  丑  寅  卯
    亥          辰
    戌          巳
    酉  申  未  午
```

○断曰：太岁乘朱雀发用，主有文书动事于朝廷，嫌中末财官空陷，占功名必有始无终。第支上月建蛇墓克日，主上台不足，幸初末两贵拱支，中传虎鬼冲腾蛇，以凶制凶，目今修为少解。然贵入空墓，龙禄克绝，终非善后之象。且太岁坐克方，玄申临日上，必有喜里成嗔，贪污败名之事。后果被总漕吴公祖参罢。

占验五十七

●癸未正月己亥日辛未时，予在金陵卞圣瑞书房，偶有两客进坐索占。

```
  涉害  曲直  回环
  龙   玄   玄   蛇
  未   卯   卯   亥
  卯   亥   亥   己

     比   未   青
     财   亥   蛇
     鬼   卯   玄

  酉   戌   亥   子
  申           丑
  未           寅
  午   巳   辰   卯
```

○断曰：龙神发用，传课结成官局，来意必占今年功名事。六月即有钦召之应。盖春得进旺之木，遇夏则枝叶茂密，将来事业远大。曰：六月之说何也？缘岁建皇恩发用，中传天诏，是以六月定有佳音。后知来占者，即赵忻城昆弟也。果于是月奉诏进京授京营提督，甲申又升京营戎政。

占验五十八

●壬午十月辛未日甲午时，桐城大中丞方替夫先生奉诏进京，住杨柳巷罗宅索占。

```
        无路  无禄
   六  常  空  后
   酉  寅  子  巳
   寅  未  巳  辛

         兄 酉 六
         印 辰 阴
         子 亥 贵

    子   丑   寅   卯
    亥             辰
    戌             巳
    酉   申   未   午
```

○**断曰**：此去必不得意而归，前途且遇大兵侵界。盖游都临支，贼符克干，课格无禄无路，安能得意乎？曰：病乎？余曰：病符坐空，阴神又制之，何虑乎病。所虑者，老母病耳，然母年生于甲子，寿合九九之数。因子命行年到申见财，则母被克矣。果至青州遇兵不能进，反至京，授天津屯田巡抚。李贼破京遂归，母乙酉寿终。

占验五十九

●庚午十一月己丑日辛未时寅将，予谒山阳父师富平朱西昆，占入觐考选何官。

```
      重审   斫轮
  玄 勾 六 阴
  卯 申 酉 寅
  申 丑 寅 己

    官 卯 玄
    兄 戌 朱
    父 巳 虎

  子 丑 寅 卯
  亥         辰
  戌         巳
  酉 申 未 午
```

○**断曰**：考选不得铨部词林，定是风宪言官，且有贵子由科甲入翰院。盖因日上天吏官德空墓，阴神又制之，必有明暗相政不得铨部也。发用卯乘玄武为官，中传朱雀，末见白虎，是以主黄门金琐、风宪言官。果后考入垣中，历转山海巡抚，都御史。因支上子乘帝幕贵人，又作辰生学堂，应子由科甲入内院也。

占验六十

●壬午十月己亥日辛未时，徽友程孝延东省沂州明经、任秦中州首王米山先生，至埂子街访顾。

```
涉害  回环  直曲
六   虎   后   六
卯   未   亥   卯
未   亥   卯   己

    兄   未   虎
    鬼   卯   六
    财   亥   后

丑   寅   卯   辰
子           巳
亥           午
戌   酉   申   未
```

王米山携子某，来提谒陈东明求官，过小斋访道。余曰："先生少间，须刻有三客至，内必杨姓者。"果如言。余曰："干神归支，传将逆行，郎君理应回东省取功名。且贵地不日兵动，且有攻城破邑之事，眷属宜迁他处避之。"曰："祝老母九十寿，方可迁。"曰："尊堂寿止八十有九，因乙发用与地盘己字合断为八九之数也。此皆日后事，目今须防失脱。"米山接住湾子街旧同寅陈宅书房，果被盗。复来，余曰："玄武脱气居丑命，所盗者郎君物耳。"曰："然。还防贼复来。"果三日又来，将父子衣物尽盗去，曰："何以明其然也？"余曰："课传回环，故知其改之复来。"米山问曰："山东兵动者何？""盖因三传纯官鬼，又鲁都虎鬼克支，贼符将星克干，是以知贵省中外兵动，攻城破邑也。"果冬月一一如占。米山迁居淮安新安镇，其母未度九十而作。

占验六十一

●甲申二月乙丑日亥将申时，如皋铨部季大生先生，持丹阳孙友所占进京课与余看。

```
重审  稼穑  不备
龙   常   未   龙
未   辰   戌   未
辰   丑   木   乙

   财 未 龙
   财 戌 未
   财 丑 后

申 酉 戌 亥
未       子
午       丑
巳 辰 卯 寅
```

○断曰：必不能北行，即行亦必半途而旋也。盖因干支乘墓，所为不通。况传课年命未见二马，干神归支，利静而不利动。又中末二传空亡，主半道言旋。青龙居干发用，今年却要起官，必补尚宝之职。因年上酉乃印也，阴神见贵生日，岂非司明乎？弘光时果官尚宝。

占验六十二

●癸酉六月戊寅日巳未时，余往昌平会陈东明生总镇府时，寇道台拜东明，言及六壬，寇公索占。

```
           伏吟  玄胎
        蛇   蛇   勾   勾
        寅   寅   巳   巳
        寅   寅   巳   戊

              卯  巳  勾
              子  申  虎
              鬼  寅  蛇
```

巳 午 未 申
辰　　　 酉
卯　　　 戌
寅 丑 子 亥

○**断曰**：仕途占得此课，当防台谏封章所劾，必解任而去。左右骇然，寇公随进后衙相晤，曰：旧事乎，未来事乎？曰：成君在日后，斗罡居支前，异日定有劾者。盖因传课互相刑克，且蛇雀官鬼入宅临门，龙神又克岁建，今秋余言必应。后果被侯大司农参劾解任。庚寅冬或占总漕吴公祖亦得此课，辛卯春被台省参劾退位。

钦差

占验六十三

●己巳二月乙巳日辛巳时，楚黄洪半石先生占差出，一成课已为何姓者批定大同饷部。

```
        重审  斩关
     玄  朱  阴  六
     卯  戌  巳  酉
     戌  巳  酉  乙

         兄  寅  阴
         财  未  龙
         父  子  贵

     戌  亥  子  丑
     酉          寅
     申          卯
     未  午  巳  辰
```

○断曰：此南行数也。彼以禄临戌上，故云北差，不知守土官则论禄，钦差官只论马。今驿马长生居午，必是南差。曰：明日堂上阄定，看该先拈该后拈？予云：后拈利。盖以初传中传空亡，末见贵人生日故也。次早关中张主政先拈得大同差，暴存九江钞关洪先生得之。

占验六十四

●辛卯二月戊子日戊午时，同乡亲友胡尹二兄：占淮阳巡按差可复，吏书缺可照旧否？

```
      重审  铸印
六  常  阴  六
戌  巳  卯  戌
巳  子  戌  戌

        父 巳 常
        比 戌 六
        官 卯 阴

戌  亥  子  丑
酉          寅
申          卯
未  午  巳  辰
```

○断曰：巡方官必复，吏书缺未能如旧。何也？盖因铸印乘轩，主迁官转职而君奏事。喜日禄临支发用，末传太岁作官，定有差遣，代天子巡件之官也，且官居奎娄，是凤庐有官之兆。又格合回环，四墓加生，去而复来、已废复兴之象，未几工科上疏题复。其不复吏书者，以四课不全，故占二得一也。

章奏

占验六十五

●己巳正月己未日庚午时，闽中张少司空讳维枢者索占。

```
    无禄  无路
 六 阴  六 阴
 酉 寅  酉 寅
 寅 未  寅 己

      子 酉 六
      兄 辰 常
      财 亥 蛇

 子 丑 寅 卯
 亥       辰
 戌       巳
 酉 申 未 午
```

○**断曰**：正时胜光，值事天空，此为章奏而占。曰："吉凶若何？"余曰："四课克下，名为无禄，况贵乘旬空，龙神克下，主在上者不足，轻则降罚，重则削权。又财官禄马俱入墓绝之乡，急流勇退为佳，否则必有意外之虞。"曰："上书旨意若何？"余曰："朱雀乘天喜，阴神见丁马，还得好旨归里，后唯冠带闲住。"回家未久仙游矣。

占验六十六

●癸酉七月庚子日丙戌时，云间董兑之为乃祖董玄宰太史辞大宗伯课。

```
    重审    润下
  玄  蛇  龙  玄
  辰  申  子  辰
  申  子  辰  庚

     子  子  龙
     兄  申  蛇
     印  辰  玄
     丑  寅  卯  辰
     子      巳
     亥      午
     戌  酉  申  未
```

○**断曰**：此课不能升迁，请告亦不能退位，却有加衔恩荫之兆，何用辞为？盖因三传全脱，递生空亡，虽有公卿推荐，不受已头虚誉，且日禄归支，印绶逢空，故不得掌篆正官。惟喜皇诏德禄居申乘旺，必有加衔恩荫之征。又课传回环，进旺之气，岂退位之象，明年春末，龙禄传墓，则当请告。次年春，晋官衔，驰驿归里。

占验六十七

●丁丑八月壬寅日癸卯时，浣中刘退斋太史索占："汝看此是何如人？"

```
      重审    斩关

    蛇  后  阴  常
    午  辰  卯  丑
    辰  寅  丑  壬

         鬼 辰 后
         财 午 蛇
         印 申 六

    未  申  酉  戌
    午          亥
    巳          子
    辰  卯  寅  丑
```

○余玩之良久，断曰："此近君阴贵人也。太岁常官临日，阴见夜贵，太阴又居岁位，此必近君之阴贵人也。"曰："此公主也。然有何事？曷一决之。"曰："此必请封荫子之事。盖末传皇诏长生，六合为孩儿，是以知之。""倘旨意不允？"余曰："传将六阳登天，必事达天廷至尊之前。但嫌初中空亡，必须两次方许封荫。"果如其言。

占验六十八

●戊寅三月丙寅日丙申时，予谒兵垣孙鲁山先生，有工垣姚永言先生、户垣讳朝荐辜父母在座，鲁山先生占请告。

```
         重审  登天
   青  虎  朱  勾
   午  辰  酉  未
   辰  寅  未  丙

         子 辰 白
         比 午 青
         财 申 六

   未 申 酉 戌
   午         亥
   巳         子
   辰 卯 寅 丑
```

○**断曰**：请告不允，更主升迁。盖因官登三天，又传将进引，安得退居林下乎？况龙神乘相气，太岁卯行年又生青龙、日干，将来功名远大。到后吏部复疏，旨意不允，旋历任宣大制台。

占验六十九

●丁丑六月乙未日甲申时，安庆张庠友占九江职方赵光忭先生请缨行边。

```
      昴星  周遍
  青   空   朱   六
  巳   午   寅   卯
  午   未   卯   乙

      财   戌   阴
      兄   卯   六
      子   午   空

  辰   巳   午   未
  卯           申
  寅           酉
  丑   子   亥   戌
```

○**断曰**：凡阴阳昴星，虽无蛇虎入传，只宜静守，不利动用。盖因贵居本位，驿马旬空，守旧为上。况河魁渡亥，中传断桥，凡事阻隔难行。且赤鸟犯岁君，上疏必撄上怒。后果谪戍，壬午岁授蓟辽总督，失机逮问典刑。如占词讼，名达朝廷，坐死。

占验七十

●辛未六月癸卯日乙卯时，台中王旋官父师占上疏。

　　　　　从革　绝嗣
　　　空　朱　勾　贵
　　　亥　未　酉　巳
　　　未　卯　巳　癸

　　　　父　酉　勾
　　　　鬼　丑　常
　　　　财　巳　贵
　　　酉　戌　亥　子
　　　申　　　　　丑
　　　未　　　　　寅
　　　午　巳　辰　卯

○**断曰**："传将递生，有疏荐人乎？"曰："非也，有疏参人耳。"余曰："虽三传递生，嫌初末逢空，独存中传，岁破为鬼。又朱雀乘太岁克日。太岁，君也，岁破，相也，恐得罪于君相，于公不利。"后果以上章荐人，下狱拟配。

占验七十一

●丁丑四月丁酉日乙巳时，浣中刘退斋太史请假省亲之占。

元首　九丑　曲直

空　阴　常　贵
巳　丑　卯　亥
丑　酉　亥　丁

鬼　亥　贵
父　卯　常
子　未　勾

酉　戌　亥　子
申　　　　　丑
未　　　　　寅
午　巳　辰　卯

○**断曰**：此奏不允所请，必有温旨相留。何以知之？盖天驿二马加临年命，理应行动之象。但发用官贵，德马夹克，天马又恋长生，主不由己而动。且朱雀又空，为文书不就，中传卯与支上太岁相克，主君上隔阻，有温旨相留也。后果不允假旋。

占验七十二

●癸酉二月丁丑丙午时，松江太仆沈云生先生，被京营曹大司礼参劾，占回奏吉凶。

```
         重审    铸印
    贵   青   空   后
    亥   午   巳   子
    午   丑   子   丁

         比   巳   空
         子   戌   蛇
         印   卯   常

    戌   亥   子   丑
    酉           寅
    申           卯
    未   午   巳   辰
```

○**断曰**："天空发用，主为章奏而占。"曰："何以知之？""盖有官君子占得铸印，必面君奏事、迁官转职。"曰："看回奏如何？"余曰："日禄之阴制禄，罚俸止矣，官何碍乎？交仲秋时，天吏皇诏生日，青龙日禄居丑，必然荣擢吴越斗牛之分。虽嫌四课上下冲害，又喜交车合禄，先虽参差，而后和好。"及回奏，果罚俸，秋升闽抚，有功，寻授两广总督。

占验七十三

●丁丑十一月丁亥日戊申时，东省户垣讳三杰孙科长，代同乡丁科长占守科失红本回奏。

```
      重审  反吟
   贵  空  勾  阴
   亥  巳  未  丑
   巳  亥  丑  丁

       比  巳  空
       鬼  亥  贵
       比  巳  空

   亥  子  丑  寅
   戌          卯
   酉          辰
   申  未  午  巳
```

○**断曰**：官必降罚，职必更改。曰：今朝廷责之，已过当矣，矧又重其责乎？曰：龙神克战，课将返吟，居官定难满任，况巳为驿马，上乘皇诏，主一任未了，二任又临。曰：比更职无疑。及以降三级，回旨不准。以降五级，又不准。拟降别衙门，然后依拟。

占验七十四

●戊辰十二月戊申日庚申时，予在燕京会高仁斋、夏客还、张环玉，邀蜀中礼部李载溪先生座索占。

```
      元首  斩关

    白 贵 阴 六
    午 丑 卯 戌
    丑 申 戌 戌

      官 卯 阴
      子 申 龙
      兄 丑 贵

   戌 亥 子 丑
   酉         寅
   申         卯
   未 午 巳 辰
```

○仁斋断曰：卯与戌合，为大六合，六合加戌为小六合，喜末传月将贵人，定然片言入相。予反其意曰：太阴临卯，空即不能成名，此乃旧事又举行者，二月还宜慎重。曰：何以知其旧事？予曰：旧太岁发用，且四墓覆生，主已废复行，沉而又举也。嫌初中龙官空战，朱雀阴见玄墓，若上疏，旨意不佳。果后以改授上疏见驳，几至察处。

公讼

占验七十五

●辛未四月丙辰日甲午时，莱阳迟芝莱父师在京考选相会时偶占。

```
        重审    玄胎
    蛇  勾  贵  六
    戌  未  亥  申
    未  辰  申  丙

        财  申  六
        官  亥  贵
        父  寅  玄

    申  酉  戌  亥
    未          子
    午          丑
    巳  辰  卯  寅
```

○断曰："传将财官驿马，城吏递互相生，大吉之兆。"芝翁曰："此公已撄重戮，付刑部狱，生全即出望外，矧敢非分求乎？"曰："月德发传，中传贵绝，末见长生，此为绝处逢生，支上皇恩化戌，斗罡居命，指日出狱，难免谪戍，然后来仕途显远。"思宗因旱祈雨，壬戌日赦文武大臣七人，此公在赦内。后知为张蓬玄先生也。十二年后，果历仕显要，今为少冢宰，寻转大司空。

占验七十六

●丙子三月乙未日己卯时，御马监太监冯允升被逮，刑部已定重辟，求占。

重审

六 阴 空 蛇
酉 寅 午 亥
寅 未 亥 乙

子 午 空
财 丑 后
官 申 勾

子 丑 寅 卯
亥　　　　辰
戌　　　　巳
酉 申 未 午

○断曰：此课必遇恩宥，仍拔重用之兆。盖以日主皇恩，支见天赦，又太岁贵人生日，罪虽至重，亦能转凶为吉。传将递生，初末引从子命，定主上台推荐。果五月奉热审，开豁谪戍，发京营立功，后监洪黑二将及予，追剿有功复职。

占验七十七

●丙子三月己酉日丁卯时，粤东少宗伯陈秋桃太史，为宗藩建言被逮刑部，占出狱。

蟇越　重审
蛇　常　六　阴
亥　辰　酉　寅
辰　酉　寅　己

财　亥　蛇
印　午　空
兄　丑　后

子　丑　寅　卯
亥　　　　　辰
戌　　　　　巳
酉　申　未　午

○**断曰**："目今不能脱难，交四月甲戌日巳时方出狱也。"同难诸缙绅皆曰："指日即出。"予曰："不然。发用驿马坐墓，且赤鸟犯岁君，如上疏旨意必驳。"众不然其说，三月冯大司寇上疏，旨意驳下。四月上疏，依拟脱离。因四月建巳冲初传墓中驿马，方有出狱之应也。

占验七十八

●壬午七月甲午日庚午时，偶有一客至埂子街寓中，坐定时，予为之袖传一课。

```
          鬼    退茹
    六   勾   后   贵
    辰   巳   子   丑
    巳   午   丑   甲

         父   子   后
         父   亥   阴
         财   戌   玄

    辰   巳   午   未
    卯             申
    寅             酉
    丑   子   亥   戌
```

○断曰："公科第中人，非田姓即王姓也，然有朝廷之事连累。盖贵人临身，必科第中人。然贵被干克，岁破发用，课传退茹，是以有获罪朝廷之事。喜初中后阴为恩，然而无大咎也。"后知为荆州知府王承曾，甲戌进士，以失城逮问，贼破燕京始出。

占验七十九

●癸酉四月癸亥日丙辰时，宜兴周首辅因陈科长弹论，命医者周诚生来占。

重审

勾 后 空 蛇
酉 辰 亥 午
辰 亥 午 癸

财 午 蛇
兄 亥 空
官 辰 后

戌 亥 子 丑
酉　　　　寅
申　　　　卯
未 午 巳 辰

○**断曰**：朝官占此，必主去位。盖因传将递克，德不胜刑，主小人进用而君子退位。且贵禄财马俱逢空陷，岂能善后乎。又夜贵临行年，即不仕闲官也。交六月后，年上日禄天马冲动身命，是其行期矣。喜四墓覆生，仍有复起之兆。果六月准辞，驰驿回里。

占验八十

●丙子二月乙未日己卯时，东省登州戚都司讳司宗者，因失机，已定重辟八载，占吉凶若何。

```
        重审
  六   阴   空   蛇
  酉   寅   午   亥
  寅   未   亥   乙

        子   午   空
      财 丑       后
      官 申       勾

  子   丑   寅   卯
  亥             辰
  戌             巳
  酉   申   未   午
```

○**断曰**：六月遇赦，转凶为吉之象。缘长生临身，天赦加支，况太岁贵人俱作恩星，罪虽重，亦减轻矣。尤可喜者，传将递生，初末暗拱未命，仍有公卿推荐，他日出仕之兆也。果六月奉命热审，豁罪谪戍，发京营立功自赎，后辛巳年升甘肃镇中军参将。

占验八十一

●辛未四月戊午日辛酉时，山东吏垣宋太斗告主相召占课，云非己占，代占。

玄胎　伏吟

蛇　蛇　朱　朱
午　午　巳　巳
午　午　巳　戊

父　巳　朱
子　申　后
鬼　寅　龙

巳　午　未　申
辰　　　　　酉
卯　　　　　戌
寅　丑　子　亥

○**断曰**："在朝官占此，提防台谏封章而回，还得好旨归里。"曰："何以知之？""盖因传将互克，伏吟丁马，且太阳无光矣，岂能久居廊庙乎？然喜朱雀德禄生日，故得好旨归里。"后知为四明讳象坤钱相公所占，果因人言请告而去。

占验八十二

●丙子二月乙酉日辛巳时，淮杨巡按讳振缨浙湖吴公祖，因贼焚凤灵被逮，刑部已定重辞，索占吉凶。

```
         涉害  天狱
      龙  阴  阴  六
      未  寅  寅  酉
      寅  酉  酉  乙
         财  未  龙
         父  子  贵
         子  巳  虎

   戌  亥  子  丑
   酉          寅
   申          卯
   未  午  巳  辰
```

○**断曰**："目今必遇忍，在六月便有出狱之征。"曰："何以言之？""盖因皇恩临干，天赦居支，又中传太岁作贵人生日，罪虽至重，亦能转凶为吉。但嫌戌临孟位，又为本命，谪戌未能免。"占后因曹大司礼奉命热审，开豁改戍。

占验八十三

●癸未七月丁未日丁未时，丹阳茸村盛顺白被逮进京，舟泊邦关请占。

```
       八专    斩关

  朱  龙   朱  龙
  丑  辰   丑  辰
  辰  未   辰  丁

      鬼  亥  贵
      子  辰  龙
      子  辰  龙

  寅  卯  辰  巳
  丑          午
  子          未
  亥  戌  酉  申
```

○**断曰**：其事定然辨雪，到京公讼前休。盖因月将青龙加临干支，勾陈生日，官鬼空陷，是以公讼辨雪且休息矣。自为周相公占课何如？手取棋子三十二枚，以十二除之，余八枚，亦是此课。曰："己丑命见日墓，年乘三刑，与寅命相去甚远，乌能无罪？"后相国赐死，李贼破燕，盛脱自归。

占验八十四

●丁丑五月甲子日巳时申将，浙上虞顾友与徽友吴子逵为人代占吉凶。

```
    重审    玄胎
  虎  阴  龙  常
  午  卯  申  巳
  卯  子  巳  甲

      鬼  申  龙
      父  亥  朱
      比  寅  后

  申  酉  戌  亥
  未          子
  午          丑
  巳  辰  卯  寅
```

○断曰：月将龙官内战，必因宰辅窝里生非而败事有阻。龙官与年神生合，断非寻常可比，嫌干上飞符，支见游魂，目今人宅必有灾非之事。且年命勾神为祟，又丁动刃逢，贵履地网，公讼拘系必见。喜勾阴生日，事可辨雪。曰：日后何如？予云：喜德神禄马会入天门，定然位居显要，忌见旬空，难以久远。后知为常熟钱牧斋太史占也，甲戌岁官至大宗伯。

占验八十五

●丁丑七月丁亥日甲辰时，太仓中翰钱言是奄占常熟陈南洲逮问讼事。

```
      重审  进茹
   阴  后  朱  六
   丑  子  酉  申
   子  亥  申  丁

       财 申 六
       财 酉 朱
       子 戌 蛇

   午 未 申 酉
   巳       戌
   辰       亥
   卯 寅 丑 子
```

○断曰：占讼最凶，全无救解。盖因发用皇诏坐空，又蛇虎二墓加临卯酉，此为冢墓门开，必主重重死丧也。又传将纯劫杀，丁火病死墓绝俱见，原何有救？且年上勾刃带木，是用刑人执杖，定遭凶死。其后奉旨廷杖，枷死三人。

占验八十六

●丁丑十一月丁亥日戊申时，山东抚台讳懋芳与兴化李父母，被总镇刘泽清参劾逮问，占何日脱难。

元首

勾　蛇　阴　虎
丑　辰　未　戌
辰　未　戌　癸

官　戌　虎
鬼　未　阴
官　辰　蛇

寅　卯　辰　巳
丑　　　　　午
子　　　　　未
亥　戌　酉　申

○**断曰**：占讼最难辨雪，后却虎头蛇尾。盖课传蛇虎鬼贼，又太岁岁破克日，主君相见责。所喜支上皇恩，命乘天赦。又以初末观之，以凶制凶，返无凶矣。但只今行年恩星泄鬼之气，明春太岁为救，脱难出禁当在彼时。丑年冬月上疏，新正旨下谪戍。

占验八十七

●辛未四月癸亥日戊午时，商城讳奋渭熊兵长垣为戊寅命人代占。

```
    斩关  稼穑
 贵  玄  朱  后
 巳  寅  未  辰
 寅  亥  辰  癸

    官  辰  后
    鬼  未  朱
    官  戌  龙
 申  酉  戌  亥
 未      子
 午      丑
 巳  辰  卯  寅
```

○断曰："课象虽凶，终不为畏。"曰："较张逢玄课何如？"予曰："张公课好。此课太岁克日，君上不喜，须得木姓人求解，方可消释。""何也？""三传纯官鬼，又关墓覆日，岂不为凶？喜两贵拱身，福德仪神临支。又丁马贵德居命，且是皇书天诏，定转凶为吉。"其后刑长垣讳觉斯李先生上疏救之，减死谪戍，后知为云间钱相公也。

走失

占验八十八

●庚寅十月癸卯日庚申时，同乡王怀荫占失马向何方找寻、何日可得。

```
       知一 斫轮
   贵 虎 朱 玄
   巳 戌 卯 申
   戌 卯 申 癸

       子 卯 朱
       官 戌 白
       财 巳 贵

   子 丑 寅 卯
   亥         辰
   戌         巳
   酉 申 未 午
```

○**断曰**："此马黑青色，在西北山岗，三日内必获。"曰："何以见之？""盖因末传之马而乘旬中之空，必俟出旬乙巳日填实，方能得马也。""何以知其色为黑青？""因马之阴神见子水乘青龙，故知之。""何以知其在西北山岗？""因马居戌地也。"果后三日自刘家集寻得。

贼盗

占验八十九

●丙寅四月丙寅日庚寅时，维扬北关外建龙寺僧丽天在蓝园住静，偶晤间求占。

```
     涉害　周遍
   虎　贵　常　蛇
   辰　酉　未　子
   酉　寅　子　丙

     鬼　子　蛇
     子　未　常
     父　寅　六

   子　丑　寅　卯
   亥　　　　　辰
   戌　　　　　巳
   酉　申　未　午
```

○断曰："神后蛇鬼临干发用，必有阴人往来缠扰。"僧默色久之，曰："凶吉若何？"曰："干支首尾相见，一时不能拆离。且河魁加卯命，驿马临行年，必有相携而逃之意。然而传将互克，提防有人攻讦之事。"因而众施主送僧渡江，后复来扬，携妇而去。

隐遁

占验九十

●甲申五月乙未日癸未时，东省费县讳四知张相公，因高镇兵马屯北城外，借住府河厅公署，占进退行止。

```
        蒿矢  连茹
     玄  常  空  龙
     酉  申  午  巳
     申  未  巳  乙

            鬼 酉 玄
            财 戌 阴
            父 亥 后

     午  未  申  酉
     巳          戌
     辰          亥
     卯  寅  丑  子
```

○断曰：东南水乡居住安稳。盖因岁贵劫杀临支，贼符驿马加干，此地异日还有兵戈扰攘。幸日上罗网逢空，相公必当解脱而去。然昴星乘玄武克日，作来年太岁，革故从新，应在酉年必矣。相公遂渡江而南。

占验九十一

●乙酉四月癸亥日戊午时，予住淮阴，欲回扬搬家眷，田百原恩师汝占课看该城住乡住。

```
        元首  斩关
    贵  玄  朱  后
    巳  寅  未  辰
    寅  亥  辰  癸

        官  辰  后
        鬼  未  朱
        官  戌  龙
        申  酉  戌  亥
        未      子
        午      丑
        巳  辰  卯  寅
```

○断曰：此课正宜归隐住乡安稳，住城虽有众贼飞攻，亦不足畏。何也？因游子斩关发用，阳将传入阴位，理应归隐之象。住城虽有贼攻，实赖支上寅木以敌之，不若就西北水乡卜居安稳。及到邦关，船被兵据，入城，史阁部命守西城，城破，一家投水，未死。

逃亡

占验九十二

●庚寅四月乙酉日辛巳时,弯子街二人来占子逃,看何方找寻,何日得见?

```
      元首  九丑
   虎  后  贵  勾
   巳  丑  子  申
   丑  酉  申  乙

      官  申  勾
      父  子  贵
      财  辰  常
      酉  戌  亥  子
      申           丑
      未           寅
      午  巳  辰  卯
```

○**断曰**:此子逃于西南四十八里亲戚之家,其家近水楼房,门前有羊二只,柳数株,尔子与金山僧往来,寻之丙丁日可见。盖申为金,加辰为山,又水局围绕,岂非金山乎?玄卯居亥即近水楼房,亥支居未,上下相乘,即西南四十八里。玄阴未加卯,门内有鬼柳二宿,故言门前有羊有柳。后四日,其子方自金山回,于所云处见之。

兵斗

占验九十三

● 甲申四月庚申日庚辰时，如皋铨部李大生先生占燕京安危。

八专

白　贵　白　贵
午　丑　午　丑
丑　申　丑　庚

财　卯　阴
父　丑　贵
父　丑　贵

戌　亥　子　丑
酉　　　　　寅
申　　　　　卯
未　午　巳　辰

○ **断曰**：贼自西山出奇，用骡车木韫，先攻西南后攻东北，且有凶变之虞。盖贼符自戌发用，克中末干支贵人，而天空临寅，此地疏虞，贼必乘虚而入，两阴神虎鬼克干支及岁君，左右献城之象。后闻李贼明攻张掖，暗逾东直，城中鼎沸，开门出降，先帝自缢。

占验九十四

●乙酉正月戊午日丙申时，总漕部院田百原老师，住淮清江闻高镇，睢州被许定国围困，占吉凶若何？

```
          重审  从革
      玄   蛇   阴   朱
      寅   戌   丑   酉
      戌   午   酉   丙

          财   酉   朱
          子   丑   阴
          比   巳   空

      酉   戌   亥   子
      申        丑
      未        寅
      午   巳   辰   卯
```

○断曰：兴平公必被戮。课传从革，合中刑干害支。春占金局乃返射肃杀之气。戌命长生被其克尽，全无一点化解，况干乘死气，支乘干支之墓，不惟主堕客计，而主亦自被其愚矣。又干支命年上神俱遭刑克墓害，死又何疑乎？三日后果应。

占验九十五

●乙酉年四月丁丑日甲辰时，大兵用铳攻扬州，守西门将士索占吉凶。

重审　铸印

贵　青　空　后
亥　午　巳　子
午　丑　子　丁

兄　巳　空
子　戌　蛇
父　卯　常

戌　亥　子　丑
酉　　　　　寅
申　　　　　卯
未　午　巳　辰

○断曰：游都建旺发用，忌临畏地，主敌人迫于不得已而死战也。今日干支虽旺相，然旺相之气在于外，休囚之气在内，城安能保乎？嫌中传被支所刑，辰时又来冲破，铸印见刑冲则为破印矣。且戌为州城牢狱，勾陈又克日上神，屠城破狱，应在咫尺。饭后步入旧城，城已破。

占验九十六

●戊子二月乙亥日癸未时，兴化台中李少文先生相召汪宁牛湾园，虑金兵东下占。

```
    重审  曲直
  龙  玄  贵  勾
  未  卯  子  申
  卯  亥  申  乙

      财  未  贵
      父  亥  蛇
      兄  卯  空

  酉 戌 亥 子
  申       丑
  未       寅
  午 巳 辰 卯
```

○断曰：金兵不但不能东下，且不能待久。游都居西南恋生，且离日辰远。贼符临干支，水陆布有伏兵。然乘死绝之气，且初传休囚夹克，末传建旺制初，是守坚敌弱，故知其必不东下而又不能持久也。但太岁合木局以生春夏之木，只今颇能坚守，一交丑年，巳酉丑金局破坏传中之木，即难支吾矣。次年正月果验。

占验九十七

●己丑正月辛巳日辛卯时，榆林王总兵讳朴者，其子金吾官在扬，闻大同姜总兵乱，占吉凶。

```
元首  炎上

玄  青  勾  贵
酉  丑  寅  午
丑  巳  午  辛

官  午  贵
财  寅  勾
印  戌  常

丑 寅 卯 辰
子       巳
亥       午
戌 酉 申 未
```

○**断曰**：游都居支前，贼符侵酉地，且贵人克干发用，又合中犯煞，西北兵动，据城无疑。初传旺相生合末传，定主内外奸人勾连，中传月建克末传，必然破城杀将。又旬遁丁神临辰阳入辰阴，更有当地边界盗贼蜂起，后来终于归降。盖因游都临合处也。但火局旺相于春夏，死绝于秋冬，又大吉日墓临支，是主受客愚而坠客计，交秋冬事败归降矣。

占验九十八

● 己丑三月偶有六壬诸友相晤，间持有丁亥日寅将子时课与予断，云：有贼兵攻武昌，看城池安危。

```
重审    极阴
空 常 阴 贵
卯 丑 亥 酉
丑 亥 酉 丁

    财 酉 贵
    鬼 亥 阴
    子 丑 常
未 申 酉 戌
午          亥
巳          子
辰 卯 寅 丑
```

○断曰："贼自西南而来，城必无虞。"曰："游都离日辰甚远，何以知贼之必来？"曰："酉贵临干发用，故知其来而自西南也。"曰："有众几何？"曰："游都临日辰远，干上贵又空，惟以正时上下合断，约有七九六千三百。"曰："城无虞者何？"曰："贵临干受克，故知贼之不攻城而退也。"此课乃晋元帝时因毛宝叛兵屯邾城，命宰相戴洋占，后载之于史。予初不知，不意断法竟与古事相合。然纯阴之课，干之阴神鲁都克日，主贼有埋伏，又支为城，上神克之，而上神又被阴神所克，主居守不仁，且欲自相攻击。又末传生合初贵，主内有暗降之人。此数事皆前人未尽之秘，予不惜笔之于书，以授后之学者。

占验九十九

●甲申五月庚子日辛巳时,高兵自黄河北来,围困扬城近半月,江都令讳曰成李父师占城池安危。

蒿矢　三交

白　阴　后　朱
午　卯　寅　亥
卯　子　亥　庚

鬼　午　白
兄　酉　勾
子　子　蛇

申　酉　戌　亥
未　　　　　子
午　　　　　丑
巳　辰　卯　寅

○断曰：凶必无虞，不日围困可解。盖因干支休囚，旺气在内，故曰此城无虞。格合罗网，初传鲁都虎鬼月建，彼兵虽凶，然末传游都将星，又系螣蛇冲克初传，此为以凶制凶，不过虎头蛇尾而已，故曰不日围解。

占验一百

●甲申三月丙午日甲午时，同乡友卞孟井闻真定被贼围困，占城池安危。

```
   知一    玄胎
  后  朱  贵  六
  子  酉  亥  申
  酉  午  申  丙

      财  申  六
      官  亥  贵
      父  寅  玄

  申  酉  戌  亥
  未          子
  午          丑
  巳  辰  卯  寅
```

○**断曰**：不惟真定内变城破，即燕京亦有他虞。盖因初传财爻内战，又乘相气冲克旬空之末传，干支又被两阴神所克，支又克支上神，主居民心散，兵马为钱粮内变，左右献城弑主之象。且末传寅为幽燕，被初传申马冲克，燕京安能无虞？即此日京城亦被贼所破，月余闻报，余言皆验矣。

占验一百〇一

●乙酉四月辛酉日丙申时，左藩南侵，总漕田百原恩师奉命勤王，已进发矣，诸将士索占吉凶。

```
        重审    进茹
    虎    常    空    虎
    亥    戌    子    亥
    戌    酉    亥    辛

          子  亥  虎
          子  子  空
          父  丑  龙
          午  未  申  酉
          巳            戌
          辰            亥
          卯  寅  丑  子
```

○**断曰**：此行不吉，主至半途而回。何也？白虎驿马临干，虽有狐假虎威之势，赖戌土实能克制，如彼猖狂妄动，定有阻塞。但我兵此行，中末俱空，岂能前进？况辛日南征为灭没旺方，于军不利，干神临支，恐有锐卒前扰。后至扬州，高兵出城抢船，遂与阁部商议，抽兵而退。

占验一百〇二

●己丑十一月戊辰日甲戌时，山西同化南占得此时课，持来问予看地方有事无事否。

```
        弹射  润下
     龙  蛇  空  朱
     子  申  丑  酉
     申  辰  酉  戌

          财  子  龙
          比  辰  玄
          子  申  蛇
       酉  戌  亥  子
          申      丑
          未      寅
       午  巳  辰  卯
```

○断曰：此地如何得无事？盖游都乘腾蛇临支，定有兵戈扰攘，但城中人民尚结居守，粮草器械无一不备。因支生支上神，建壬为财，且初传子乃北方轻剽之兵，必自北面来。幸中传辰土山岗所隔，干上昴星作日之败气，来兵必败怯而退，城中人民终于归顺。盖龙化为蛇，不能成其大，传将三六相合，末传又生合初传，居守必然归顺。曰：此敞地泽州也。果一一如占。

占验一百○三

●乙酉五月乙酉日庚辰时，予避难福终庵，同盟副师杨九苞督舟师随征时，修书差官相召同事。予因幼儿随身固辞，乃占一课寄之。

```
元首   九丑  润下
 白   后  贵  勾
 巳   丑  子  申
 丑   酉  申  乙

    官  申  勾
    父  子  贵
    财  辰  常

  酉  戌  亥  子
  申      丑
  未      寅
  午  巳  辰  卯
```

○**断曰**：南都定然归顺，放心前行，但防东南有兵变之虞。盖因末传旺相，财爻生合初传官贵，且结水局生日，又合中无煞，是为主者必归顺而贡降也。且干支休囚，则旺气在内，其城不可拔，亦无屠戮之惨。辰阴见太乙，白虎建旺，合克酉支，因而提防东南兵变也。后果如其占。

占验一百○四

●辛未四月丙子日丁酉时，莱阳迟父师与同乡宋氏昆弟相召，占东省地方安否。

```
          伏吟  玄胎
       玄  玄  勾  勾
       子  子  巳  巳
       子  子  巳  丙

          比  巳  勾
          财  申  蛇
          父  寅  虎
```

巳	午	未	申
辰			酉
卯			戌
寅	丑	子	亥

○断曰：东省齐分，主有伏地兵将作乱，两军敌战，尽遭伤也。日上勾陈月建被支之玄武将星克制，且乘天鬼凶煞，是以有伏地兵将屠杀破城之虞。又传将递克，伏吟见丁马，官防参劾，大民流亡。冬月水旺时，玄武得令，孔耿李三将兵起破登府七州县，人民逃窜，总兵张可大自缢，孙巡抚逮问典刑。

占验一百〇五

●甲申正月丁亥日己酉时，程翔云居广陵，报闻兵警，占岁内吉凶。

```
        昴星  炎上
    勾   虎   常   后
    巳   寅   丑   戌
    寅   亥   戌   丁

        兄   午   六
        子   戌   后
        印   寅   虎
    申   酉   戌   亥
    未           子
    午           丑
    巳   辰   卯   寅
```

○**翔云断曰**：墓神覆日，虎符朝支，又丧吊入传，末见岁刑白虎，定有兵丧不测之虞。勾陈游都入辰阴幽燕之地，又见死神阴煞，是以兵戈难免，且干支乘脱，内外空虚，支阴游都刑克太岁，于君不利，日阴克辰，西北有兵变急进之虞，支又克辰阴，城东边将兵民必生离异。其后贼果犯燕京，城中内变，而有三月十九日之事。

出行

占验一百〇六

●庚寅五月庚申日丁丑时，徐盟鹿占得此课问远行，携有妻子同往，看吉凶若何。

```
        八专  绝嗣
        六阴  六阴
        戌 卯  戌 卯
        卯 申  卯 庚

           父 戌 六
           官 巳 常
           子 子 蛇

        子 丑 寅 卯
        亥        辰
        戌        巳
        酉 申 未 午
```

○断曰：男女远行俱不得意，中途被劫，死于他乡，有沉溺破舟之虞。盖因男干女支，行人空墓之地，中传劫煞旬丁刑克支干，末传日死加巳，是阳生临于阳绝，合为死字。且壬戌加卯发用，是河井相加，卯受干克，主车船破坏，其祸必矣。近江西百余里，男女五人被盗而死。

行人

占验一百〇七

●乙酉七月庚子日甲申时,扬州兵盐道讳汉式刘公祖占课,不言某事。

```
         涉害  顾祖
     白  玄  六  龙
     申  戌  辰  午
     戌  子  午  庚

         鬼  午  龙
         父  辰  六
         财  寅  蛇

     卯  辰  巳  午
     寅          未
     丑          申
     子  亥  戌  酉
```

○断曰:"胜光同天马,来意问行人。过月望赤龙,眷属到门庭。"曰:"然。""盖因中末空亡,是以月内不来,过月驿马临辰,故应丙辰日。"曰:"此课看功名能复旧缺否?"余曰:"顾祖中末空,有初必无终。龙化为蛇例,请告始得荣。"盖因初龙末蛇,止于兵宪;龙神克下,上官不足。复任月余,被劾逮问。

占验一百〇八

●戊辰十一月壬戌日乙巳时，余在燕京，江都倪子玄占父何日到京，路途平安否。

```
       元首  玄胎
  蛇  阴  贵  玄
  辰  未  巳  申
  未  戌  申  壬

      财 巳 贵
      子 寅 六
      比 亥 空

  寅 卯 辰 巳
  丑       午
  子       未
  亥 戌 酉 申
```

〇断曰：行人已抵燕界，丙寅日方到，但途遇马贼劫夺。盖二马见于课传，末足临寅，乃幽燕之分，二阴夹阳，中传见寅，故主寅日到。玄武驿马临干，遥克庚午命神，主大路有马贼劫夺之应。果寅日至平子门外，雪中遇马贼，劫银四十两。

占验一百○九

●庚寅七月丁丑日午将巳时，江西吉水少司马李梅公先生住扬时，占行人。

```
       重审  连茹
  常  玄  朱  六
  卯  寅  酉  申
  寅  丑  申  丁

       财  申  六
       财  酉  朱
       子  戌  蛇

   午 未 申 酉
   巳       戌
   辰       亥
   卯 寅 丑 子
```

○**断曰**：行人尚未起程，九月节后子丑日方能到扬。曰：何以迟来？盖因连茹逢空，玄武劫杀入辰之阴阳，主当地及交界有兵戈盗贼扰害，宅中眷属退避山水之间，迟来必矣。果九月公郎同亲家刘左车临扬。

占验一百一十

●辛卯九月辛巳日辛卯时，庄公远在江宁，占看东翁程翔云先生何日到省。

蒿矢

后	贵	空	白
未	午	子	亥
午	巳	亥	辛

鬼　午　贵
印　未　后
兄　申　阴

午	未	申	酉
巳			戌
辰			亥
卯	寅	丑	子

○**公远断曰**："行人自宅中已起程矣，应于丙戌日到。""何也？""驿马临干，贵人入辰。又蒿矢为用，行人速来，故知其起程。丙戌日者，因马临戌地，又为发用之墓绝，且寅为本命，午为用神，与戌作三合也。"后果以丙戌日到。

疾病

占验一百一十一

●辛巳九月丁亥日辛丑时，庠友张奉初为乃弟观初占病吉凶，予遂袖传一课以答之。

```
        重审　铸印
    朱   白   空   后
    酉   辰   巳   子
    辰   亥   子   丁

        比   巳   空
        子   戌   蛇
        印   卯   常

    戌   亥   子   丑
    酉           寅
    申           卯
    未   午   巳   辰
```

○**断曰**："课得铸印，占病不吉，三日内必死。"张友不言而去。顷焉，一人至，占得未亥卯三传，白虎发用，丧吊全逢，且木空则折，病主风寒，三日内死。占者曰："适家伯先已来占矣，因不吉，故复占之。"张友又请仙，吕纯阳下降，判曰："数合于数，吾无问耳。"果三日死。

占验一百一十二

●己卯六月己酉日戊辰时，维扬埂子街六如斋扇店，浙杭张澹宁，相会，占病。

```
          蒿矢  三交
      玄   乙  辰  朱
      卯   子  丑  戌
      子   酉  戌  己

          鬼  卯  玄
          父  午  空
          子  酉  六

      申   酉  戌  亥
      未           子
      午           丑
      巳   辰  卯  寅
```

○断曰："当年病无妨，何须再三详。黑马自夷来，跨上往酉方。早觅玄空径，教尔接命长。宅上见胎喜，一阴并两阳。盖太岁发用作日破勾空，日今无妨。但嫌医神发用克日，主医人用药不当，但木火为虎鬼，脾肺受病，未能脱体，须东南钱刘之医，平肝清心，其病渐愈。"曰："何以言之？""门卯乃死我，门酉为生我，先玄空，长生在传，宜避初鬼就末生，须向玄空之门求接命延年之术。否则，壬午春必有他虑矣。"曰："有胎者何？"余曰："支上见胎神。"曰："三儿妇俱怀妊矣。"余曰："试言何命。"曰："丁未、壬子、甲寅。"余以行年推之，丁未生女，余二皆男。后果然，澹宁壬午春死。

占验一百一十三

●乙酉正月己亥己巳时，总漕漂官、召贤参将卢承山盟见占病吉凶。

```
    重审  交车
 后  空  六  阴
 丑  午  酉  寅
 午  亥  寅  巳

        父 午 空
        兄 丑 后
        子 申 勾
```

```
 子 丑 寅 卯
 亥       辰
 戌       巳
 酉 申 未 午
```

○**断曰**：脾土受症，日今无虑。盖木为官鬼，则脾经受症矣。必以平脾清心为上，切勿健脾理肺，七月恐有不测之忧。盖禄临绝地，马入墓乡，且子巳相加为阳临阳绝，又卯临申位是木被金离，病人非宜，且年带二死克日，故断其七月必死。已而果然。

占验一百一十四

●辛卯二月丁未日癸卯时，偶有楠姓者，为董晋侯占病。

<pre>
            八专
        阴 六 阴 六
        酉 寅 酉 寅
        寅 未 寅 丁

          财 酉 阴
          子 辰 青
          鬼 亥 贵

        子 丑 寅 卯
        亥   辰
        戌   巳
        酉 申 未 午
</pre>

〇断曰：此病主手足不举，全无一点生气，因日禄临绝地，驿马投墓乡，又行年游魂，子巳相加，合为死字，三传死墓绝，安能有救乎？何以知病在手足不举？因卯加申、戌加卯，故主风癫发搐之症。在何日？久病，应卯字，卯加申，申日子时死矣。

占验一百一十五

●乙丑十月辛亥日甲午时，予往金陵成贤街会六壬王养吾索占之课。

```
        元首  玄胎
     蛇 阴 朱 后
     巳 申 辰 未
     申 亥 未 辛

        鬼 巳 蛇
        财 寅 勾
        子 亥 白

     寅 卯 辰 巳
     丑         午
     子         未
     亥 戌 酉 申
```

○**断曰**：公为阴人占病。主胸膈不宽，饮食少进。曰：果妇病，其症若何？曰传得病玄胎，又四课德鬼发用，巳作闭口，食神乘空，以知病在胸膈，不能饮食。且禄临绝地，何以养生？目今子爻制鬼无妨，恐来年初夏，太岁生鬼可虑。况夫占妻岂宜财空，主半路断弦，所以续弦也。辛日亦不宜占病，因辛作亡神故也。

占验一百一十六

●辛未正月戊申日己未时，同乡亲彭城卫幕刘一纯占病。

元首　润下

玄　蛇　贵　勾
辰　子　丑　酉
子　申　酉　戌

兄　辰　玄
子　申　龙
财　子　蛇
酉　戌　亥　子
申　　　丑
未　　　寅
午　巳　辰　卯

○断曰："病起少阴，目今无虑，但绵缠难脱体耳。微独病也，且防贼至。""病起少阴者何？""但从魁临干，为日之败气，是因少阴而败身也。""病难脱体者何？""传将合成财局，生起日之官鬼也。""占病而言贼至者何？""玄武发用，传归支上，主贼入我内室也。""医当如何？"曰："木为官鬼，火作白虎，心脾二经受症，当觅东方之医，理肝清心，切勿健脾补肺。""何时当愈？"曰："甲戌流年，方且不保，遑问愈乎？缘戊日玄墓发用，是为收魂杀。又纯财生卯木，死气克日，故是年冬可虑。"果后三月一贼入室，刘复来言及。余乃以原数断云："贼北方道路往来，陈姓年少人也。作贼无伴，一人耳，然必告官方获，玄辰乘相气，主年少，在子为道路，辰与陈姓同音，玄阴生水，水合一数也。官鬼遥克玄武，公命上神又制盗神，必告官而后捕捉也。""何日可获？"曰："告官三日即获。"后果然，及询其姓名，则陈忠也。

占验一百一十七

●己丑八月庚戌日壬午时，陈惟一占扬州道台陈公祖病。

```
        伏吟  玄胎
    玄   玄   虎   虎
    戌   戌   申   申
    戌   戌   申   庚

         兄  申  虎
         财  寅  蛇
         官  巳  勾

    巳  午  未  申
    辰          酉
    卯          戌
    寅  丑  子  亥
```

○**断曰**：此课不利占病，丁巳日必死。盖因禄马发用入传，中空绝之乡，病人见驿马，乃神气出游之象。课传玄胎，主别处投胎之象。虎鬼临处为畏期。课传既无天医而末传巳火克日，故以是日决之。

占验一百一十八

●己丑八月乙未日辛巳时，徽友程孝延为同乡郑姓者占病。

```
       蒿矢   连茹
    玄  常  空  龙
    酉  申  午  巳
    申  未  巳  乙

        鬼 酉 玄
        财 戌 阴
        父 亥 后

     午 未 申 酉
     巳         戌
     辰         亥
     卯 寅 丑 子
```

○**断曰**：占病不治，且临于床，八九月之会是其死期乎！何以知其病之不起？干支互乘绝气，课传革故从新，且二马临身宅，乘青龙太常，谓之孝服纸钱杀也。病人见驿马又非所宜。何以知其卧床？因身加卯上，为床为棺也。何以知其死期？二阴一阳，中传戌加酉位，是八九交会之时。果交九月节日死矣。

岁占

占验一百一十九

●辛巳正月乙酉日癸未时，程翔云在新安，见雪寒极甚，途多冻馁，因有感而占。

```
知一  不备  乱首
青  阴  阴  六
未  寅  寅  酉
寅  酉  酉  乙

   财 未 龙
   印 子 贵
   子 巳 虎

戌  亥  子  丑
酉          寅
申          卯
未  午  巳  辰
```

○**翔云断曰**：据此课象，今岁天气亢旱，风大雨少，田禾欠熟，且有疫疠死亡之患。盖因初传风伯会箕，神后空陷，末传虎乘遁鬼。又因未为田园，自四课发用，即田庄交界，子属稻谷，亦空，故知田禾欠熟，又天鬼支来克干，此为上门乱首，种种凶象，而况劫煞入辰，三传递克，全无和气，凶荒之征也。后果如占。

应候

占验一百二十

●己巳年十一月丁酉日庚戌时偶有扣门声，随占一课。

<pre>
        蒿矢
   空 玄 常 后
   卯 子 丑 戌
   子 酉 戌 丁

      官 子 玄
      父 卯 空
      比 午 六

   申 酉 戌 亥
   未   子
   午   丑
   巳 辰 卯 寅
</pre>

○断曰：来扣门者必因盗贼之事。及开门时，是迟王两父师相召，随往见之，坐下即云：彼乡有一举人做乱。予袖传一课答之：指日败擒，无烦过虑。盖因干支上乘死墓，玄鬼临于败地，日上神又制之，是以不能持久，一交土旺时，自休息矣。又问家宅安否？曰：然系何命？曰：乙亥、戊子者。予云：亥年驿马贵人，子年乘河魁，又二贵拱夹亥命，有功名而未成，子乃科第中人，俱迁居他处矣。曰：亥命家兄是秀才，子命舍弟是举人。果十二月，为乱者事败，家中安堵。

占验一百二十一

●己丑三月乙丑日丁亥时，广储门外普贤庵僧敏若，半夜亥时，因鸦鸣占此课，来问主何吉凶。

重审　退茹

玄　常　空　青
亥　子　寅　卯
子　丑　卯　乙

父　子　常
父　亥　玄
财　戌　阴

辰　巳　午　未
卯　　　　　申
寅　　　　　酉
丑　子　亥　戌

○断曰：主有贼八九人，自东北来劫邻人衣物银钱，遂渡河而去，汝庵无妨也。曰：亥时右邻木客被劫。盖因游都贼符临干支，右见驿马玄武，左见劫杀贼符，故有此象，提防复至，然五日后必获。但子发用，贼必东北而来，因子加丑乃八九之数，五日获者，因勾陈居支前五辰，遥克玄武，又魁渡玄阴，贼何所逃乎？果次日北关门外行劫，遂获二名。

占验一百二十二

●己丑六月乙未日丁亥时，天宁寺半夜内外人惊，江南吴一三占此课，问予主何应候。

```
        元首  曲直
     六  白  贵  勾
     亥  卯  申  子
     卯  未  子  乙

        鬼 卯 白
        父 亥 六
        财 未 后

     丑  寅  卯  辰
     子          巳
     亥          午
     戌  酉  申  未
```

○**断曰**：主有贼船东来，无攻城破邑之虞。盖因游都贼符临干支，自支发用，故主东有贼船至。初中二传休囚，末传太阳月建，故主城邑无虞。己亥日报贼自东方来，水陆并进，人民惊走，余以申时占课，三传戌酉申为返驾，初旺生末，虽有奸人勾引，不战自退。官兵出，贼遂奔散。

占验一百二十三

●庚寅十月辛巳朔甲午时，日有食之，庄公远占当主何应。

弹射　病胎　励德

白　勾　朱　后
亥　寅　辰　未
寅　巳　未　辛

　　财　寅　勾
　　子　亥　虎
　　兄　申　阴

寅　卯　辰　巳
丑　　　　　午
子　　　　　未
亥　戌　酉　申

○公远断曰：太岁做游都临翼轸发用，且乘勾陈，披刑带煞，楚地当有战争之象。弹射有丸，忧惊必重，中传虎马居支，阴冲克日支，末传太阴拔刀乘岁破冲克太岁，然是旬空，阴谋必败。又河覆井、玄入穴、虎出林、来年定主风多涝患，奈何雷公雷煞并见，以作病胎，气不收敛，民生多病之征也。越次日，雷电大作，次年水涝为灾。余占亦验。

射覆

占验一百二十四

●辛巳八月甲寅日壬申时，浙绍范玄同袖帨包有物件，占问何物？予遂袖传一课以射之。

```
            八专
    虎  阴  虎  阴
    申  亥  申  亥
    亥  寅  亥  甲

          财  丑  贵
          父  亥  阴
          父  亥  阴

    寅  卯  辰  巳
    丑          午
    子          未
    亥  戌  酉  申
```

○**断曰**：刚日发用，兼日上神射之发用，丑为牛，其色黄兼黑，亥为双义，必是黄黑二件。又为日贵，必贵重之物，乘天医必能医病，其数四八。范大服，开帨视之，是牛黄二块，每块约重四分七八厘。

占验一百二十五

●庚寅五月甲申日癸酉时，南京陈开子、山右司化南相顾间，相问彼袖中是何物件，予袖传一课以射之。

```
        涉害  顾祖
    六   龙   玄   后
    辰   午   戌   子
    午   申   子   甲

            子  午  龙
            财  辰  六
            兄  寅  蛇

    卯   辰   巳   午
    寅           未
    丑           申
    子   亥   戌   酉
```

○**断曰**："此必文书之类。"化南云："何以知是文书，乞讲一理。"予曰："用《东方朔射覆》断本课。三传纯阳取遁甲丁卯，仰视丑字，阴神是亥，故取亥为初传，三传亥酉未，亥主图书，又甲日文书爻。"果透易书一册。予曰："八十四页。"果然《袁天罡本课》。

六壬指南卷五
大六壬神煞指南

古歙庄广之公远　著
新安程起鸾翔云参定
广陵陈良谟公献校正

神煞全图[①]

上位圆图，一起太岁、二起岁驿，余则直列于旁，而岁煞备矣。三起仪神、四起奇神，而旬煞备矣。下位圆图，一起天喜、二起月建、三起月合、四起月驿、五起成神、六起天马、七起圣心。余则方列于右，而月煞备矣。日煞列于方图，而干支煞备矣。

月	正	二	三	四	五	六	七	八	九	十	十一	十二
天德	丁	坤	壬	辛	乾	甲	癸	艮	丙	乙	巽	庚
天德合	壬		丁	丙		己	戊		辛	庚		乙
月德	丙	甲	壬	庚	丙	甲	壬	庚	丙	甲	壬	庚
月德合	辛	己	丁	乙	辛	己	丁	乙	辛	己	丁	乙

---

① 凡看神煞，须干支神将刑克，其事乃发。

天解	见圆图内											
地解	申	申	酉	酉	戌	戌	亥	亥	午	午	未	未
解神	申	申	戌	戌	子	子	寅	寅	辰	辰	午	午
皇恩	戌	丑	辰	未	酉	卯	子	午	寅	巳	申	亥
会神	未	戌	寅	亥	酉	子	丑	午	巳	卯	申	辰
信神	申	戌	寅	丑	亥	辰	巳	未	巳	未	申	戌
大德	午	午	午	辰	辰	辰	子	子	子	寅	寅	寅
游神	丑	丑	丑	子	子	子	亥	亥	亥	戌	戌	戌
戏神	巳	巳	巳	子	子	子	酉	酉	酉	辰	辰	辰
天车	巳	巳	巳	辰	辰	辰	未	未	未	酉	酉	酉
死别	戌	戌	戌	未	未	未	辰	辰	辰	丑	丑	丑
奸神	寅	寅	寅	亥	亥	亥	申	申	申	巳	巳	巳
飞祸	申	申	申	寅	寅	寅	巳	巳	巳	亥	亥	亥
时盗	巳	巳	巳	卯	卯	卯	酉	酉	酉	子	子	子
破碎	酉	巳	丑	酉	巳	丑	酉	巳	丑	酉	巳	丑
日表	未	辰	丑	未	辰	丑	未	辰	丑	未	辰	丑
归忌	丑	寅	子	丑	寅	子	丑	寅	子	丑	寅	子
飞廉	戌	巳	午	未	寅	卯	辰	亥	子	丑	申	酉
往亡	寅	巳	申	亥	卯	午	酉	子	辰	未	戌	丑
月刑	巳	子	辰	申	午	丑	寅	酉	未	亥	卯	戌
天贼	辰	酉	寅	未	子	巳	戌	卯	申	丑	午	亥

203

五鬼	午	辰	寅	酉	卯	申	丑	巳	子	亥	未	戌
泰神	丑	丑	丑	子	子	子	戌	戌	戌	亥	亥	亥
忧神	辰	戌	丑	未	辰	戌	丑	未	辰	戌	丑	未
天赦	戊	寅			甲	午		戊	申		甲	子
相负	亥	亥	丑	丑	卯	卯	巳	巳	未	未	酉	酉
柱屈	巳	巳	未	未	酉	酉	亥	亥	丑	丑	卯	卯
瓦煞	巳	子	丑	寅	卯	辰	亥	午	未	申	酉	戌
门煞	戌	酉	辰	卯	戌	酉	辰	卯	戌	酉	戌	亥

年	甲	乙	丙	丁	戊	己	庚	辛	壬	癸
天庭	丑	寅	辰	巳	辰	巳	未	申	戌	亥
死符	申	申	亥	亥	寅	寅	巳	巳	辰	辰

年	子	丑	寅	卯	辰	巳	午	未	申	酉	戌	亥
岁刑	卯	戌	巳	子	辰	申	午	丑	寅	酉	未	亥
大将军	酉	酉	子	子	子	卯	卯	卯	午	午	午	酉

日	甲	乙	丙	丁	戊	己	庚	辛	壬	癸
干德	寅	申	巳	亥	巳	寅	申	巳	亥	巳
干合	未	申	戌	亥	丑	寅	辰	巳	未	巳
日官	酉	申	壬	亥	卯	寅	午	巳	丑未	戌辰

日禄	寅	卯	巳	午	巳	午	申	酉	亥	子
长生	亥	午	寅	酉	寅	酉	巳	子	申	卯
恩赦	寅	辰	巳	未	巳	未	申	戌	亥	丑
干奇	午	巳	辰	卯	寅	丑	未	申	酉	戌
日解	亥	申	未	丑	酉	亥	申	未	丑	酉
日医	卯	亥	丑	未	巳	卯	亥	丑	未	巳
贤贵	丑	申	寅	寅	午	丑	申	寅	寅	午
福星	子	丑	子	子	未	未	丑	丑	巳	巳
文星	亥	亥	寅	寅	午	午	巳	巳	申	申
进神	子	子	子	子	子	卯	卯	卯	卯	卯
	午	午	午	午	午	酉	酉	酉	酉	酉
退神	丑	丑	丑	丑	丑	辰	辰	辰	辰	辰
	未	未	未	未	未	戌	戌	戌	戌	戌
日鬼	申	酉	亥	子	寅	卯	巳	午	辰戌	丑未
日冲	申	戌	亥	丑	亥	丑	寅	辰	巳	未
日刑	巳	辰	申	丑	申	丑	寅	未	亥	戌
日墓	未	戌	戌	丑	戌	丑	丑	辰	辰	未
飞符	巳	辰	卯	寅	丑	午	未	申	酉	戌
羊刃	卯	辰	午	未	午	未	酉	戌	子	丑
飞刃	酉	戌	子	丑	子	丑	卯	辰	午	未
旱大煞	亥	亥	未	未	戌	戌	寅	寅	巳	巳

游都	丑	子	寅	巳	申	丑	子	寅	巳	申
鲁都	未	午	申	亥	寅	未	午	申	亥	寅
日贼	辰	午	申	亥	寅	辰	午	申	亥	寅
日盗	子	亥	卯	申	巳	子	亥	卯	申	巳
日奸	亥	酉	辰	申	巳	亥	酉	辰	申	巳
日淫	午	午	未	未	戌	戌	寅	寅	巳	巳

日	子	丑	寅	卯	辰	巳	午	未	申	酉	戌	亥
支德	巳	午	未	申	酉	戌	亥	子	丑	寅	卯	辰
三合	申	巳	午	亥	申	酉	寅	卯	子	巳	寅	卯
	辰	酉	戌	未	子	丑	戌	亥	辰	丑	午	未
六合	丑	子	亥	戌	酉	申	未	午	巳	辰	卯	寅
支仪	午	巳	辰	卯	寅	丑	未	申	酉	戌	亥	子
支破	酉	辰	亥	午	丑	申	卯	戌	巳	子	未	寅
破碎	巳	丑	酉	巳	丑	酉	巳	丑	酉	巳	丑	酉
六害	未	午	巳	辰	卯	寅	丑	子	亥	戌	酉	申
三刑	卯	戌	巳	子	辰	申	午	丑	寅	酉	未	亥
支冲	午	未	申	酉	戌	亥	子	丑	寅	卯	辰	巳
支鬼	戌辰	卯	申	酉	寅	亥	子	卯	午	巳	寅	未丑
支墓	辰	辰	未	未	辰	戌	戌	辰	丑	丑	辰	辰
死神	卯	辰	巳	午	未	申	酉	戌	亥	子	丑	寅

病符	亥	子	丑	寅	卯	辰	巳	午	未	申	酉	戌
勾神	卯	戌	巳	子	未	寅	酉	辰	亥	午	丑	申
绞神	酉	辰	亥	午	丑	申	卯	戌	巳	子	未	寅
驿马	寅	亥	申	巳	寅	亥	申	巳	寅	亥	申	巳
华盖	辰	丑	戌	未	辰	丑	戌	未	辰	丑	戌	未
劫煞	巳	寅	亥	申	巳	寅	亥	申	巳	寅	亥	申
灾煞	午	卯	子	酉	午	卯	子	酉	午	卯	子	酉
咸池	酉	午	卯	子	酉	午	卯	子	酉	午	卯	子
四煞	未	辰	丑	戌	未	辰	丑	戌	未	辰	丑	戌
支亡	亥	申	巳	寅	亥	申	巳	寅	亥	申	巳	寅
雷电	辰	辰	未	未	戌	戌	丑	丑	寅	寅	卯	卯
雨师	申	酉	戌	亥	子	丑	寅	卯	辰	巳	午	未
晴朗	午	未	申	酉	戌	亥	子	丑	寅	卯	辰	巳
白衣翰林	酉	未	巳	卯	丑	亥	酉	未	巳	卯	丑	亥

岁煞

岁君阳赶及丧门。

太岁为天子之权，主事干朝廷及岁内，吉凶应在一年。

太阳至尊之神，士人得权贵显。又为青龙，凡事有喜无忧。又为赶煞，若克干支，死人败家。

丧门主死丧，占病凶。

六合官符小耗宅。

六合主会合，凡事有成无破。

官符主官非勾连。

小耗主破耗财物，又为岁宅，占家宅用之，若并鬼主灾病讼。

破迫墓龙白虎神。

岁破为宰辅主司，又主半年事，又为大耗，主破耗财物，又为迫煞。若克干支，死人败家。

岁墓主坟墓病讼宅灾，又为龙德，加吉神将生干支，功名诸事吉，反此诸事不成，又为朱雀，主文书口舌。

白虎主凶灾血光惊恐。

福德吊阴病符测。

福德贵人难中有救。

吊客主吊送姻亲。初传见主骨肉灾，中末传见主外服，又为太阴，大将宜居之方，作吉神将主婚姻，作凶神将主阴谋口舌。

病符主疾病，又主去年旧事。

驿马六害华盖蟠。

驿马主行动。

六害凡事阻滞。华盖作事昏晦。黄蟠兵占用。

劫煞灾兮天岁看。

三煞凶速，诸占不喜。

地煞桃花兼豹尾。

三位诸占不喜。

豹尾大将宜居之方。

亡神将星迄攀鞍。

亡神病讼大凶。

将星兵占用。攀鞍婚姻喜见。

以上二论载圆图内。

岁干禄后号天庭，死符申亥寅巳辰，岁刑太岁所刑者，亥子丑顺酉将军。

天庭主朝廷事。

死符占病多凶。

岁刑主官非刑责。

大将军主头目领兵权，又占行人用之。

以上四位载直图内。

月煞

春夏秋冬		
戌丑辰未	春戌夏丑喜耳加，秋辰冬未顺无差。	天喜主喜庆恩泽官迁财喜。○天耳主信息察探追捕。
亥寅巳申子卯午酉	返魂俱是刀砧煞。	第二位与第三位同。○返魂病复生。○刀砧六畜忌。
丑辰未戌	寡宿三丘关管家。	寡宿信虚忧喜无成失物凶婚娶忌。○三丘坟崩病凶。○关神动处身灾滞。○管神讼遭禁。
寅巳申亥	拜命皇书雄吏至。	皇书主拜命功名，词讼喜之。○战雄战胜。○吏神并吉神吉，并朱勾蛇追呼速。
卯午酉子	贼神奸盗转丝麻。	贼神、奸盗主奸私盗贼。○旺连天干为天转，春乙卯夏丙午秋辛酉冬壬子，旺连纳音为地转，春辛卯夏戊午秋癸酉冬丙子，百事凶，出行大忌，君子赴朝则可。○丝麻煞主缢绞。
辰未戌丑	浴盆天目龙神位。	浴盆坠水病凶，产吉，地盘忌亥子，天盘忌乘辰，主小儿病死。天目主鬼祟，宜捕盗寻人。○龙神占地。
巳申亥寅	喝散孤辰梁钥查。	喝散讼解散，求事成。○孤辰占同寡宿。○梁神行人阻。○钥神囚释。
午酉子卯	火鬼伤支蛇雀忌。	火鬼乘蛇雀克支主火厄。
未戌丑辰	哭神五墓狱为嗟。	哭神作虎有哭声，亥子上见为哭神下泪，大凶。○五墓坟崩病凶。○地狱并朱勾主囚系。
申亥寅巳	煞神绝气战雌败。	煞神、绝气病凶。○战雌战败。
酉子卯午	四废无成即丧车。	四废百事无成。○丧车克日病死。
正起顺行		

寅顺十二	月建小时龙虎木。	月建主月内休咎，应在一月。○小时煞主阻滞忌行师，蛇加惊恐。○龙加为青龙煞吉。○天虎虎狼害。○木煞主树木怪。
卯顺十二	天龙游煞草蛇伏。	天龙利求名禄。○游神忌出行。入传年命主行动。蛇加为草煞。
辰顺十二	天医雌虎瘟天巫。	天医病用。○雌虎虎狼害。○瘟煞主疫。○天巫宜作福。
巳顺十二	厄杖死神电乌烛。	厄煞家事损。○孝杖忌见子孙传内。○死神病凶，若并虎名白虎啮尸大凶。○电煞有电。○朱加为乌煞。火烛并蛇雀克日身灾克辰宅毁。
午顺十二	死气官符孝漫花。	死气病产最忌。○官符有官事。○孝服有孝。○漫语并天空言不实。○朱加为花煞。
未顺十二	井枯小耗印羊福。	井煞并虎克害主落井。○枯看病凶诸事不利。○大小耗忌开库求财，入宅加墓为用百不利。○天印利仕进。○天羊占羊。○福神吉利。
申顺十二	破兵虎耗路阳缠。	月破主破坏离散，却可解冤，忧喜不成，产易生，婚娶忌。○兵煞主兵事。○虎加为白虎煞凶。○大耗见前。○道路神主道路事。○阳年占为缠绕病讼忌。
酉顺十二	书信天机钱聚卜。	书信并雀有信临门，并贵有来音。○天机主口舌是非。○天钱主钱怪或有钱堆积。
戌顺十二	戌顺天书愿地医。	天书官迁财喜。○愿神占病有愿未还。○地医病用。
亥顺十二	飞魂伏诏病儿哭。	飞魂临年命或日辰发用为飞魂卦，主神魂不定、夜多凶梦、鬼祟相侵。○伏连诸占皆忌。○天诏并二马受恩。○病煞恩同墓虎。○儿煞小儿灾。○哭忌有哭声。
子顺十二	生气子正雨煞来。	生气解凶增吉，成就新事，乘后合有孕，乘龙财婚。○雨煞加旺相有雨。
丑顺十二	支坑佛煞牛坟墓。	血支主血光产孕，病忌针灸。○天坑忌出行，主损蹄轮。○佛煞主佛像事。○天牛加六奇牛怪病。○坟墓加宅，有尸未葬。
正起逆行		

亥逆十二	神猪月合方。	神煞主神像事。○天猪加六丁猪怪病。○月合有吉庆。
子逆十二	鼠视捕追良。	天鼠主鼠耗。○天视之下可捕贼。
丑逆十二	天怪占天变。	天怪主天变。
寅逆十二	风煞卜风飓。	风煞有风。
卯逆十二	忧焚看烛命。	烛命防火。
辰逆十二	非灾对血光。	厌对忌婚娶。○血光有血灾。
巳逆十二	月害阴空竹。	月害忌婚医纳财畜。○阴煞主阴人口舌病凶。○空加为竹煞。
午逆十二	破化地咒防。	破器主破器，为怪，病忌。○化神事消化，不喜见之。○地咒主咒诅。
未逆十二	阴奸邪床卯。	阴奸主私通。○邪神有邪气。○卯加为床煞。
申逆十二	绕猴风解详。	阴年占为缠绕病讼忌。○天猴忌出行主损蹄轮。○风伯有风。○天解化凶为吉。
酉逆十二	轩辕天鸡折。	轩辕主兵戈。○天鸡主信息，行人至。○折伤六畜走失忌见。
戌逆十二	狗足厌石光。	天狗孕产不宜。○四足主四足怪。○月厌妨嫁娶，为用百事不成，加玄盗贼，加蛇怪梦，加虎克日病死，加朱勾忧禁逃者忌向此方。○石煞主石怪。○火光并蛇雀刑克日身灾，克辰宅毁。
正二七四五六冬八九十三腊 申巳寅亥	正申驿马孟神游。	马临初传又逢生旺人至，行利，名吉。中传稍迟，末又稍迟。其吉凶决于天将。

酉午卯子	鬼吏长绳天咒接。	天鬼临年命日辰发用为伏殃卦，主兵亡产死病患。○天吏占同吏神。○长绳见鬼有缢死鬼。○天咒主咒诅。
戌未辰丑	光影黄幡火怪神。	光影火怪主火光鬼怪。○黄幡即华盖覆日人昏暗。
亥申巳寅	狱门酒网女雷劫。	天狱并朱勾主囚系。○墓门主坟动。○酉加为酒煞。○天网宜捕猎。○女灾阴人病。○雷煞占同雷公。○劫煞有劫盗病凶灾速诸不喜。士人应举作魁。
子酉午卯	坎魈灾煞镜披麻。	坑坎煞主坑坎怪。○山魈主山怪。○灾煞凶速诸占不喜。○镜煞主镜怪。○披麻煞主孝服。
丑戌未辰	五盗小天迷惑月。	五盗主盗。○小煞小口灾。○天煞凶速。○迷惑煞主痴迷失记。○月煞忌移造病患。
寅亥申巳	天盗雷公下逆寅。	天盗主盗。○雷公并后阴雨，并贵空晴，并蛇雀雷电，并常勾不定。
卯子酉午	桃池悬索火时煞。	桃花咸池主淫乱口舌。○悬索见鬼有缢死鬼，占贼必自屋而下。○大时煞忌出行，兵捕必获。
辰丑戌未	正辰邪鬼逆三轮。	邪鬼有连灾。
巳寅亥申	月德亡神游祸说。	月德化凶为吉。○亡神防亡失。○游祸动有灾祸。
午卯子酉	大煞午正伏骨同。	大煞灾速家长凶君子加官小人凶事。○伏骨病凶。
未辰丑戌	下丧月鬼秽丧魄。	下丧主下人服。○月鬼病讼凶。○秽煞主污秽物。○丧魄临年命日辰发用为丧魄卦，主病死，若并虎，健人亦衰。
巳申亥寅	驿合旺成梯。	天旺官迁进。○成神旺相生合作事成。○卯加为梯煞。
午酉子卯	病占天破宜。	天破病吉。
未戌丑辰	炉煞丧门狱。	香炉煞主香炉怪。○丧门病忌。○狱神讼忌。

申亥寅巳	奸门申孟移。	奸门主奸淫。
酉子卯午	酉顺占天信。	天信主信息。
戌丑辰未	戌正反激为。	反激怨仇互报。
亥寅巳申	阳煞亥轮孟。	阳煞主阳人口舌。
子卯午酉	邪怪火雨师。	邪督阳灾。○天火忌同蛇雀。○雨师加旺相有雨。
丑辰未戌	月奸丑顺季。	月奸阴私内乱。
寅巳申亥	釜产厕奸私。	釜神主锅叫。○产煞见后阴立应，见勾虎产难。○天厕主尊果不正。○奸私主隐慝。
卯午酉子	盗神卯顺仲。	盗神防盗。
辰未戌丑	天械上丧诗。	天械官事凶。○上丧主上人服。

以上五章俱依次顺行十二支位。

正二三四五六 七八九十冬腊 午申戌子寅辰 未酉亥丑卯巳	午未天马受皇恩。	天马正七起午，主朝廷印信之喜，加犬煞尤速，宜占迁动更改事，见传送白虎必动，若克日主失脱。○皇恩正七起未，主诏命迁转之喜。
辰午申戌子寅	天财正七辰阳遵。	宜求财。
寅辰午申戌子 卯巳未酉亥丑	天刑怪煞先寅卯。	天刑起寅，忧囚系。○怪煞起卯，有凶事。
戌子寅辰午申	兽煞戌宫以例论。	主走兽。

正	二	三	四	五	六	七	八	九	十	冬	腊	
亥	巳	子	午	丑	未	寅	申	卯	酉	辰	戌	圣心正月起亥宫，单月顺行双月冲。○和合富神最宜运营。
卯	酉	辰	戌	巳	亥	午	子	未	丑	申	寅	玉宇卯正依例取。○二神更逢龙贵。
辰	戌	巳	亥	午	子	未	丑	申	寅	酉	卯	金堂辰上亦正逢。○日德主有贵。
戌	辰	亥	巳	子	午	丑	未	寅	申	卯	酉	受死戌正行斗忌。○一切大凶。
午	子	未	丑	申	寅	酉	卯	戌	辰	亥	巳	午正罪至讼招凶。○占讼忌之。
丑	未	寅	申	卯	酉	辰	戌	巳	亥	午	子	丑正血忌母针灸，单顺双冲法亦同。○血灾产难。

以上七论载圆图内。

天德正丁官，二坤三壬同，辛干甲癸艮，丙乙巽庚从，月德逆行孟，丙甲壬庚询，二德合俱良，凶消而福进。

　　天德百福助佑之神，月德五行生气之神，天德合月德合干神五合者是俱改祸成福。

天解正申逆十二，地解申申酉酉次，戌亥午未俱重临，申申顺阳解神是。

　　忧喜无成诸恶逢之皆减。

皇恩天赦戌丑罡，未酉卯兮子午当，寅巳申亥是其方。

会神春占未戌寅，亥酉子为夏月神，丑午巳兮卯申辰。

　　事成行至。

信神正二居申戌，寅丑亥辰半年率，巳未巳未还甲戌。

　　主有恩信。

壬占须识四时神，天德午辰迄子寅，天赦戌寅夏甲午，戌申甲子秋冬云。

游神丑子亥兼戌，巳子酉辰戏神临。丑子戌亥忧泰决，巳辰未酉天车惊。

春戌逆回为死别，春寅退孟是奸神。申寅巳亥为飞祸，巳卯酉子时盗寻。

　　此十一位以四时例起之。○天德官迁求望大吉。○天赦灾散百事吉。○游戏二神加孟行人未来，加仲在途，加季即至。○泰忧二神加季信实，加孟信虚，旺相信实，空亡信虚。○天车忌出行，主车败马亡兵覆。○死别不利四季。○奸神并合后主淫。○飞祸所为皆忌。○时盗主有盗贼。

金神破碎鸡蛇牛，未辰丑上白衣愁。归忌丑寅子便休。

此三位以孟仲季例起之。○金神破碎即红沙财损病不利，凶速。占坟并空子孙败绝。凡物破损不完。○白衣煞忌加子孙六亲上。○归忌家神为祟，忌出行还家。

飞廉起戌巳午未，寅卯辰兮此法最，亥子丑兮申酉畏。
求事迅速行人立至有非常不测事凶速。

正寅五卯九天罡，隔二顺行小往亡，军行还娶悉为殃。
百事不利。

产婚官病月刑忌，巳子辰申午丑值，寅酉未亥卯戌记。
乃月建所刑之位也，诸占不吉。

满破开兮天贼速，辰酉寅未子巳在，戌卯申兮丑午亥。
举动招盗。

五鬼之星忌出行，午辰寅共酉卯申，丑巳子亥未戌寻。
出行大凶。

正二登明三四丑，依例顺阴人相负，冤枉屈情冲位有。
相负煞主被人负，枉屈煞有冤枉。

阳日瓦煞阴冲出，正巳子丑寅卯辰，七亥午未申酉戌。
此阳日之瓦煞也，阴日干冲位取之。

正五九兮三合轮，戌酉辰卯煞曰门，辰戌丑未梦神论。
此二位以正五九例起之。○门煞主门户事。○梦神主梦寐事。

以上诸煞载方图内。

旬煞

丑子亥为日月星，甲旬之内三奇名。六仪用起旬中甲，二者解凶化吉神。

子戌二旬丑奇，申午二旬子奇，辰寅二旬亥奇，此旬奇也，外有遁奇，三传全值甲戌庚或乙丙丁者忌。○旬甲即旬仪也。○奇仪发用或入传为三奇六仪之卦，逢凶化吉，惟仪克行年凶。

旬乙盗神庚响动，丁神动处六亲详。旬辛便是五亡煞，癸闭空为孤寡方。

旬乙为盗神主盗贼。○旬庚为响动官病忌。○旬丁须视六亲。如壬癸日见丁卯，则因数动而有财之例。○旬辛为五亡七煞，出逢盗贼，若并空亡主走失。○旬癸为闭口，主机关莫测，病不食人不言。○空亡十干不到之地也，主失脱忧喜不成。凡凶神将喜空，吉神将忌空。○以上九位载圆图内。

干煞

阳德自居阴在合，克偏为鬼正为官。长生顺逆宜详取，禄墓须教此处看。

天月干支四德，为百福佑助之神，临日入传，转凶为吉。干德尤良，俱宜生旺，不窒休囚，忌逢空落空，与神将外战。〇干合者甲己中正合，乙庚仁义合，丙辛威制合，丁壬淫佚合，戊癸无情合。凡合以干合为主，支合次之，行合又次之。凡德合同入传，百事皆吉。若乘凶神全无吉助则反凶矣。〇昼鬼主公讼是非，夜鬼主神祇妖祟。〇凡鬼恋生受制陷空皆不能为害。若鬼空无制则大凶。〇日官功名喜。长生诸事吉。日禄主食禄事。墓主暗昧不通。〇辰未为日墓，主刚速。戌丑为夜墓，主柔延。凡墓逢冲则吉，逢合则凶。若年命上神能冲制亦可救。〇庄按：火生寅金生巳木生亥水土生申，有顺无逆，此五行长生也。甲生亥，乙生午，丙戊生寅，丁己生酉，庚生巳，辛生子，壬生申，癸生卯，阳顺阴逆，此十干长生也。五行家土寄于坤，故土行与水行同也。六壬家丙戊同宫，丁己同宫，故土干与火干同也。土干既与火干同位而复袭水行之生败墓绝可乎？且临官即禄，顺逆得之。既为壬式所用，而墓绝等项何独不然？今改正如前图内。

干奇甲日午行逆，庚日还于未顺行。飞符甲日巳逆转，己日胜光复顺征。

干奇消祸增吉。〇飞符百事勿举，出行忌，走避出入不可抵向。如日德入传，凶中生吉，若并朱勾凶尤甚。〇游都牛鼠虎蛇猴，游都冲处鲁都求。亥申未丑酉日解，卯亥丑未日医流。〇游都主逢盗贼，加大煞来速。占贼来路，出行忌之。〇鲁都不可漏税，占贼去路，出行忌之。〇日解解凶。〇日医病用。

亥酉辰申巳奸言，子亥卯申巳盗伍。日贼辰午申亥寅，贤贵丑申寅寅午。

奸淫盗贼俱不吉。〇贤贵立天门其人可传道。〇二章以甲己同例起之。

大煞亥未戌寅巳，日淫午未戌寅巳。文星亥寅午巳申，两两言之此法是。

日下大煞凡事忌。〇文星并龙加子大贵。〇此章以甲乙同例起之。

甲乙福星子丑取，子未丑巳双双语。刑冲支位寄官论，癸干亥逆兼务举。

福星求望吉。〇刑主人情不美。〇冲主反复不宁。〇举主兼务官职双行。〇恩赦之星本十干，禄前羊刃对飞安。进神子午卯兼酉，丑未戌辰退莫难。〇恩赦吉占。〇羊刃静吉动凶，又主血光。〇飞刃血光凶事。〇进神不可退，退则可惜。〇退神不可进，进则多阻。〇以上干煞载方图上列。

支煞

支德解凶巳顺支，六三合事有成期。支仪子日午行逆，午日未宫又顺之。

支德解凶增吉。○支合者，寅合亥破，亥合寅就，卯合戌新，戌合卯旧，辰合酉合，酉合辰离，巳合申刑，申合巳疑，午合未虚，未合午晦，丑合子空，子合丑实。○行合者，亥卯未繁冗驳杂，巳酉丑矫革离异，寅午戌党侣不正，申子辰流动无滞。○凡合临日入传和合成就，惟不宜占病讼。又当视其进退，传进利进，传退利退。○支仪解凶增吉。

酉子卯午门户败，丑辰未戌墙坟坏。亥寅巳申破终欣，鸡孟蛇中季牛碎。

支破人情暗中不顺，事多中败不完全，宜散凶，不宜散吉。○破碎见月煞内。

寅巳巳申申刑寅，丑戌戌未未丑寻。子刑卯上卯刑子，辰午酉亥自相刑。

寅刑巳官灾动阻事复起，巳刑申仇将恩报事终成，申刑寅人鬼相残各不宁，丑刑戌尊伤卑贱忧因桎，戌刑未少凌长上妻财畏，未刑丑大小不利丧孝有，子刑卯门户败淫尊卑扰，卯刑子水路不通子不轨。○自刑，自逞其才妄更改。

穿心六害暗相伤，对位支冲散事良。戌火丑金木墓未，辰坟水土顺支详。

六害暗相伤克，子加未官非口舌，未加子阻塞有殃，丑加午官病不睦，午加丑不就不明，巳加寅口舌疑阻，寅加巳进滞退良，申加亥先得后阻，亥加申谋事不长，卯辰相加虚诈争财有阻，酉戌两害病凶阴小逃亡。○支冲子午道路宾士，卯酉门户改易，寅申人鬼伤残，巳亥反复无实，丑未兄弟相持，辰戌奴婢离异，凡冲月卦动，冲辰宅移，生旺忌冲，凶旺宜冲。○墓主暗昧不通。

阳克阳兮阴克阴，明伤支鬼宅中侵。死神卯顺病符亥，绞即破兮勾对神。

支鬼明相伤克。○死神病凶。○病符主疾病。○勾绞二神俱主缢绞。

雨师申顺滂沱落，晴朗午宫日影灼。辰未戌丑寅卯排，双双雷电空中作。

申为水母故雨师起焉，此与月煞不同。○三位占天时用。

驿马诸神同岁月，白衣入翰情欣悦。从魁逆转六阴方，庄氏图歌掌内诀。

驿马等详见岁月煞内。○白衣入翰林，上下吉祥之星。○以上支煞载方图下列。

神煞辨讹

岁月日煞，壬式所需，然百家异同，杂驳尤甚。予因遍访青囊，详搜秘史，删芜就简，去谬标真，复参稽之星家历纪，选日阴阳，期在合符有征，斯能用之不爽。如天喜为四季养神。

春戌顺四季者是，顺十二者非。○大煞为三合旺气。○正午逆四仲者是，正戌逆四季者非。○雷公风伯，位起先天之震巽。○雷公正寅逆四孟者是。风伯正申逆十二者是，余说非。

雨师晴朗，位起后天之坎离。

雨师正子顺四仲者是，晴朗子日午顺十二者是，余说非。

雷动风散，自下及上以逆行。雨润日暄，由上及下而顺转。又訾訾次有霹雳雷电之星，析木次有南箕好风之宿，此雷风二煞所从起也。

雷煞正亥逆四孟者是，风煞正寅逆十二者是。

然雷公风伯，神之号也，是以居乎先天之位。而雷煞风煞，化之行也，是以占于有象之星。坎阳陷阴中，故天耳起先天坎位而居支，离阴丽阳中，故天目起先天离位而居干，此耳目二司所由附也。

天耳春戌夏丑秋辰冬未，天目春乙夏丁秋辛冬癸，相对者是。

然坎离正卦，虽定例于东西，而耳目傍官，不得行乎仲位。转煞云者，言物极则必反也。

春卯顺四仲者是，顺十二者非。

四废云者，言囚死而无用也。

春酉顺四仲者是，正申顺十二者非。

秦野有舆鬼尸气，故枯骨起焉。

正未顺十二者是，正申正胡俱非。

赵次有卷舌天谗，故天机主焉。

正酉顺十二者是，正丑逆十二者非。

四孟玄胎逢三合绝地，非女之灾乎。

正亥逆四孟者是，正未顺十二者非。

登明幼子作哭忌飞魂，非儿之厄乎。

儿煞正亥顺十二者是，正巳亥非。

四土之神令人昏暗，故日逢之而迷，

迷惑正丑逆四季者是，逆十二者非。

夜逢之而梦也。

梦神辰戌丑未三轮者是，正丑顺十二者不用。

狴犴之司不敢当阳，故天狱居三合绝位。

正亥逆四孟者是，余说不用。

地狱居四时墓乡也。

春未顺四季者是，余说不用。

驿马不同天猴，吉凶异焉。

驿马正申逆四孟，天猴正申逆十二不同。

天车不同关锁，占候殊为。

天车春巳夏辰秋未冬酉，关锁春丑夏辰秋未冬戌不同。

以至于天鼠起子，天牛起丑，莫不以类相从。然鼠畏缩，猴柔贪，故退而逆行。

顺行者非。

牛驯顺，羊刚躁，故进而顺转。

逆行者非。

聊举数端，可推其概。斯理既明，厥数亦符。此皆天地万物自然之化，非有牵强附会于其间也。考订十稔，始获小成。爰次第为韵语，既可运轮于掌上。

将前歌于掌上一句一位移读便是。

复层叠作旋图，更可了彻乎目中。

转法如子年正月甲午旬甲子日，先将上位圆图太乙岁加子，岁驿加寅，仪神加子，奇神加丑，次将下位圆图以天喜加戌，月建加寅，月合加亥，月驿加申，成神加巳，天马加午，圣心加亥。而圆图所不能载者，则于前列方图内视之，即此时之岁月旬煞也。其日煞则于后列方图内视之，即此日之干支煞也，余仿此。

虽不免金根之诮，或可辟三豕之讹，其于壬式未必无小补焉。**云岳山人庄广之再识。**

（全卷终）

北京学易斋书目

书　名	作　者	定　价	版别
影印涵芬楼本正统道藏[宣纸线装;全512函1120册]	[明]张宇初编	480000.00	九州
影印涵芬楼本正统道藏[道林纸线装;全512函1120册]	[明]张宇初编	280000.00	九州
易藏[宣纸线装;全50函200册]	编委会主编	98000.00	九州
重刊术藏[精装全100册]	编委会主编	68000.00	九州
续修术藏[精装全100册]	编委会主编	68000.00	九州
易藏[精装全60册]	编委会主编	48000.00	九州
道藏[精装全60册]	编委会主编	48000.00	九州
御制本草品汇精要[彩版8函32册]	(明)刘文泰等著	18000.00	海南
御纂医宗金鉴[20函80册]	(清)吴谦等著	28000.00	海南
影宋刻备急千金要方[4函16册]	(唐)孙思邈著	2380.00	海南
影元刻千金翼方[2函12册]	(唐)孙思邈著	2380.00	海南
芥子园画传[彩版3函13册]	(清)李渔纂辑	3800.00	华龄
十竹斋书画谱[彩版2函12册]	(明)胡正言编印	2800.00	华龄
影印明天启初刻武备志[精装全16册]	(明)茅元仪撰	13800.00	华龄
药王千金方合刊[精装全16册]	(唐)孙思邈著	13800.00	华龄
焦循文集[精装全18册,库存1套]	[清]焦循撰	9800.00	九州
邵子全书[精装全16册]	[宋]邵雍撰	12800.00	九州
子部珍本1:校正全本地学答问	1函3册	680.00	华龄
子部珍本2:赖仙原本催官经	1函1册	280.00	华龄
子部珍本3:赖仙催官篇注	1函1册	280.00	华龄
子部珍本4:尹注赖仙催官篇	1函1册	280.00	华龄
子部珍本5:赖仙心印	1函1册	280.00	华龄
子部珍本6:新刻赖太素天星催官解	1函2册	480.00	华龄
子部珍本7:天机秘传青囊内传	1函1册	280.00	华龄
子部珍本8:阳宅斗首连篇秘授	1函1册	280.00	华龄
子部珍本9:精刻编集阳宅真传秘诀	1函2册	480.00	华龄
子部珍本10:秘传全本六壬玉连环	1函2册	480.00	华龄
子部珍本11:秘传仙授奇门	1函2册	480.00	华龄
子部珍本12:祝由科诸符秘卷秘旨合刊	1函2册	480.00	华龄
子部珍本13:校正古本入地眼图说	1函2册	480.00	华龄
子部珍本14:校正全本钻地眼图说	1函2册	480.00	华龄
子部珍本15:赖公七十二葬法	1函2册	480.00	华龄
子部珍本16:杨筠松秘传开门放水阴阳捷径	1函2册	480.00	华龄
子部珍本17:校正古本地理五诀	1函2册	480.00	华龄
子部珍本18:重校古本地理雪心赋	1函2册	480.00	华龄

书　　名	作　者	定　价	版别
子部珍本19：吴景鸾先天后天理气心印补注	1函1册	280.00	华龄
子部珍本20：宋国师吴景鸾秘传夹竹梅花院纂	1函2册	480.00	华龄
子部珍本21：影印原本任铁樵注滴天髓阐微	1函4册	1080.00	华龄
子部珍本22：地理真宝一粒粟	1函1册	280.00	华龄
子部珍本23：聚珍全本天机一贯	1函3册	680.00	华龄
子部珍本24：阴宅造福秘诀	1函1册	280.00	华龄
子部珍本25：增补诹吉宝镜图	1函2册	480.00	华龄
子部珍本26：诹吉便览宝镜图	1函1册	280.00	华龄
子部珍本27：诹吉便览八卦图	1函1册	280.00	华龄
子部珍本28：甲遁真授秘集	1函4册	880.00	华龄
子部珍本29：太上祝由科	1函2册	680.00	华龄
子部珍本30：邵康节先生心易梅花数	1函1册	280.00	华龄
子部善本1：新刊地理玄珠（宣纸线装）	2函10册	3000.00	华龄
子部善本2：参赞玄机地理仙婆集（宣纸线装）	2函8册	2400.00	华龄
子部善本3：章仲山地理九种（宣纸线装）	1函5册	1500.00	华龄
子部善本4：八门九星阴阳二遁全本奇门断	2函18册	5400.00	华龄
子部善本5：六壬统宗大全（宣纸线装）	2函6册	1800.00	华龄
子部善本6：太乙统宗宝鉴（宣纸线装）	2函8册	2400.00	华龄
子部善本7：重刊星海词林（宣纸线装）	14函56册	16800.00	华龄
子部善本8：万历初刻三命通会（宣纸线装）	2函12册	3600.00	华龄
子部善本9：增广沈氏玄空学（宣纸线装）	2函8册	2400.00	华龄
子部善本10：江公择日秘稿（宣纸线装）	2函6册	1800.00	华龄
子部善本11：刘氏家藏阐微通书（宣纸线装）	3函12册	3600.00	华龄
子部善本12：影印增补高岛易断（宣纸线装）	2函8册	2400.00	华龄
子部善本13：清刻足本铁板神数（宣纸线装）	3函13册	3900.00	华龄
子部善本14：增订天官五星集腋（宣纸线装）	2函10册	3000.00	华龄
子部善本15：太乙奇门六壬兵统宗（宣纸线装）	9函36册	10800.00	华龄
子部善本16：御定景祐奇门大全（宣纸线装）	8函32册	9600.00	华龄
子部善本17：地理四秘全书十二种（宣纸线装）	4函16册	4800.00	华龄
子部善本18：全本地理统一全书（宣纸线装）	3函15册	4500.00	华龄
子部善本19：廖公画策扒砂经（宣纸线装）	1函4册	1200.00	华龄
子部善本20：明刊玉髓真经（宣纸线装）	7函21册	6300.00	华龄
子部善本21：蒋大鸿家藏地学捷旨（宣纸线装）	1函4册	1200.00	华龄
子部善本22：阳宅安居金镜（宣纸线装）	1函4册	1200.00	华龄
子部善本23：新刊地理紫囊书（宣纸线装）	2函6册	1800.00	华龄
子部善本24：地理大成五种（宣纸线装）	8函24册	7200.00	华龄
子部善本25：初刻鳌头通书大全（宣纸线装）	2函10册	3000.00	华龄
子部善本26：初刻象吉备要通书大全（宣纸线装）	3函12册	3600.00	华龄
子部善本27：武英殿板钦定协纪辨方书	8函24册	7200.00	华龄
子部善本28：初刻陈子性藏书（宣纸线装）	2函6册	1800.00	华龄

书　名	作　者	定　价	版别
重刻故宫藏百二汉镜斋秘书四种(一):火珠林	1函1册	300.00	华龄
重刻故宫藏百二汉镜斋秘书四种(二):灵棋经	1函1册	300.00	华龄
重刻故宫藏百二汉镜斋秘书四种(三):滴天髓	1函1册	300.00	华龄
重刻故宫藏百二汉镜斋秘书四种(四):测字秘牒	1函1册	300.00	华龄
中外戏法图说:鹅幻汇编鹅幻余编合刊	1函3册	780.00	华龄
连山[一函一册]	[清]马国翰辑	280.00	华龄
归藏[一函一册]	[清]马国翰辑	280.00	华龄
周易虞氏义笺订[一函六册]	[清]李翊灼订	1180.00	华龄
周易参同契通真义	1函2册	480.00	华龄
御制周易[一函三册]	武英殿影宋本	680.00	华龄
宋刻周易本义[一函四册]	[宋]朱熹撰	980.00	华龄
易学启蒙[一函二册]	[宋]朱熹撰	480.00	华龄
易余[一函二册]	[明]方以智撰	480.00	九州
奇门鸣法	[一函二册]	680.00	华龄
奇门衍象	[一函二册]	480.00	华龄
奇门枢要	[一函二册]	480.00	华龄
奇门仙机[一函三册]	王力军校订	298.00	华龄
奇门心法秘纂[一函三册]	王力军校订	298.00	华龄
御定奇门秘诀[一函三册]	[清]湖海居士辑	680.00	华龄
宫藏奇门大全[线装五函二十五册]	[清]湖海居士辑	6800.00	星易
遁甲奇门秘传要旨大全[线装二函十册]	[清]范阳耐寒子辑	6200.00	星易
增广神相全编[线装一函四册]	[明]袁珙订正	980.00	星易
龙伏山人存世文稿[五函十册]	[清]矫子阳撰	2800.00	九州
奇门遁甲鸣法[一函二册]	[清]矫子阳撰	680.00	九州
奇门遁甲衍象[一函二册]	[清]矫子阳撰	480.00	九州
奇门遁甲枢要[一函二册]	[清]矫子阳撰	480.00	九州
遁甲括囊集[一函三册]	[清]矫子阳撰	980.00	九州
增注蒋公古镜歌[一函一册]	[清]矫子阳撰	180.00	九州
古本皇极经世书[一函三册]	[宋]邵雍撰	980.00	九州
明抄真本梅花易数[一函三册]	[宋]邵雍撰	480.00	九州
订正六壬金口诀[一函六册]	[清]巫国匡辑	1280.00	华龄
六壬神课金口诀[一函三册]	[明]适适子撰	298.00	华龄
改良三命通会[一函四册,第二版]	[明]万民英撰	980.00	华龄
增补选择通书玉匣记[一函二册]	[晋]许逊撰	480.00	华龄
绘图全本鲁班经匠家镜	1函4册	680.00	华龄
菊逸山房地理正书(天函):地理点穴撼龙经	1函3册	680.00	华龄
菊逸山房地理正书(地函):秘藏疑龙经大全	1函1册	280.00	华龄
菊逸山房地理正书(人函):杨公秘本山法备收	1函1册	280.00	华龄
青囊海角经	1函4册	680.00	华龄
阳宅三要	1函3册	298.00	华龄

书 名	作 者	定 价	版别
子部珍本备要(宣纸线装)		分函售价	九州
001 岣嵝神书	1函1册	280.00	九州
002 地理峡蔗録	1函4册	880.00	九州
003 地理玄珠精选	1函4册	880.00	九州
004 地理琢玉斧峦头歌括	1函4册	880.00	九州
005 金氏地学粹编	3函8册	1840.00	九州
006 风水一书	1函4册	880.00	九州
007 风水二书	1函4册	880.00	九州
008 增注周易神应六亲百章海底眼	1函1册	280.00	九州
009 卜易指南	1函1册	280.00	九州
010 大六壬占验	1函1册	280.00	九州
011 真本六壬神课金口诀	1函3册	680.00	九州
012 太乙指津	1函2册	480.00	九州
013 太乙金钥匙 太乙金钥匙续集	1函1册	280.00	九州
014 奇门遁甲占验天时	1函2册	480.00	九州
015 南阳掌珍遁甲	1函1册	280.00	九州
016 达摩易筋经 易筋经外经图说 八段锦	1函1册	280.00	九州
017 钦天监彩绘真本推背图	1函2册	680.00	九州
018 清抄全本玉函通秘	1函3册	680.00	九州
019 灵棋经	1函1册	280.00	九州
020 道藏灵符秘法	4函9册	2100.00	九州
021 地理青囊玉尺度金针集	1函6册	1280.00	九州
022 奇门秘传九宫纂要	1函1册	280.00	九州
023 影印清抄耕寸集－真本子平真诠	1函2册	480.00	九州
024 新刊合并官板音义评注渊海子平	1函2册	480.00	九州
025 影抄宋本五行精纪	1函6册	1080.00	九州
026 影印明刻阴阳五要奇书1－郭氏阴阳元经	1函2册	480.00	九州
027 影印明刻阴阳五要奇书2－克择璇玑括要	1函1册	280.00	九州
028 影印明刻阴阳五要奇书3－阳明按索图	1函2册	480.00	九州
029 影印明刻阴阳五要奇书4－佐玄直指	1函2册	480.00	九州
030 影印明刻阴阳五要奇书5－三白宝海钩玄	1函1册	280.00	九州
031 相命图诀许负相法十六篇合刊	1函1册	280.00	九州
032 玉掌神相神相铁关刀合刊	1函1册	280.00	九州
033 古本太乙淘金歌	1函1册	280.00	九州
034 重刊地理葬埋黑通书	1函2册	480.00	九州
035 壬归	1函2册	480.00	九州
036 大六壬苗公鬼撮脚二种合刊	1函1册	280.00	九州
037 大六壬鬼撮脚射覆	1函2册	480.00	九州
038 大六壬金柜经	1函1册	280.00	九州
039 纪氏奇门秘书仕学备余	1函1册	280.00	九州

书　　名	作　者	定　价	版别
040 八门九星阴阳二遁全本奇门断	2函18册	3680.00	九州
041 李卫公奇门心法	1函1册	280.00	九州
042 武侯行兵遁甲金函玉镜海底眼	1函1册	280.00	九州
043 诸葛武侯奇门千金诀	1函1册	280.00	九州
044 隔夜神算	1函1册	280.00	九州
045 地理五种秘笈合刊	1函1册	280.00	九州
046 地理雪心赋句解	1函2册	480.00	九州
047 九天玄女青囊经	1函1册	280.00	九州
048 考定撼龙经	1函1册	280.00	九州
049 刘江东家藏善本葬书	1函1册	280.00	九州
050 杨公六段玄机赋杨筠松安门楼玉辇经合刊	1函1册	280.00	九州
051 风水金鉴	1函1册	280.00	九州
052 新镌碎玉剖秘地理不求人	1函2册	480.00	九州
053 阳宅八门金光斗临经	1函1册	280.00	九州
054 新镌徐氏家藏罗经顶门针	1函2册	480.00	九州
055 影印乾隆丙午刻本地理五诀	1函4册	880.00	九州
056 地理诀要雪心赋	1函2册	480.00	九州
057 蒋氏平阶家藏善本插泥剑	1函1册	280.00	九州
058 蒋大鸿家传地理归厚录	1函1册	280.00	九州
059 蒋大鸿家传三元地理秘书	1函1册	280.00	九州
060 蒋大鸿家传天星选择秘旨	1函1册	280.00	九州
061 撼龙经批注校补	1函4册	880.00	九州
062 疑龙经批注校补一全	1函1册	280.00	九州
063 种筠书屋较订山法诸书	1函2册	480.00	九州
064 堪舆倒杖诀 拨砂经遗篇 合刊	1函1册	280.00	九州
065 认龙天宝经	1函1册	280.00	九州
066 天机望龙经刘氏心法 杨公骑龙穴诗合刊	1函1册	280.00	九州
067 风水一夜仙秘传三种合刊	1函1册	280.00	九州
068 新镌地理八窍	1函2册	480.00	九州
069 地理解醒	1函1册	280.00	九州
070 峦头指迷	1函3册	680.00	九州
071 茅山上清灵符	1函2册	480.00	九州
072 茅山上清镇禳摄制秘法	1函1册	280.00	九州
073 天医祝由科秘抄	1函2册	480.00	九州
074 千镇百镇桃花镇	1函2册	480.00	九州
075 轩辕碑记医学祝由十三科治病奇书合刊	1函1册	280.00	九州
076 清抄真本祝由科秘诀全书	1函3册	680.00	九州
077 增补秘传万法归宗	1函2册	480.00	九州
078 祝由科诸符秘卷祝由科诸符秘旨合刊	1函1册	280.00	九州
079 辰州符咒大全	1函4册	880.00	九州

书　名	作　者	定　价	版别
080 万历初刻三命通会	2函12册	2480.00	九州
081 新编三车一览子平渊源注解	1函3册	680.00	九州
082 命理用神精华	1函3册	680.00	九州
083 命学探骊集	1函1册	280.00	九州
084 相诀摘要	1函2册	480.00	九州
085 相法秘传	1函1册	280.00	九州
086 新编相法五总龟	1函1册	280.00	九州
087 相学统宗心易秘传	1函2册	480.00	九州
088 秘本大清相法	1函2册	480.00	九州
089 相法易知	1函1册	280.00	九州
090 星命风水秘传	1函1册	280.00	九州
091 大六壬隔山照	1函2册	480.00	九州
092 大六壬考正	1函1册	280.00	九州
093 大六壬类阐	1函2册	480.00	九州
094 六壬心镜集注	1函1册	280.00	九州
095 遁甲吾学编	1函2册	480.00	九州
096 刘明江家藏善本奇门衍象	1函1册	280.00	九州
097 遁甲天书秘文	1函2册	480.00	九州
098 金枢符应秘文	1函2册	480.00	九州
099 秘传金函奇门隐遁丁甲法书	1函2册	480.00	九州
100 六壬行军指南	2函10册	2080.00	九州
101 家藏阴阳二宅秘诀线法	1函2册	480.00	九州
102 阳宅一书阴宅一书合刊	1函1册	280.00	九州
103 地理法门全书	1函1册	280.00	九州
104 四真全书玉钥匙	1函1册	280.00	九州
105 重刊官板玉髓真经	1函4册	880.00	九州
106 明刊阳宅真诀	1函2册	480.00	九州
107 阳宅指南	1函1册	280.00	九州
108 阳宅秘传三书	1函1册	280.00	九州
109 阳宅都天滚盘珠	1函1册	280.00	九州
110 纪氏地理水法要诀	1函12册	280.00	九州
111 李默斋先生地理辟径集	1函2册	480.00	九州
112 李默斋先生辟径集续篇 地理秘缺	1函2册	480.00	九州
113 地理辨正自解	1函1册	280.00	九州
114 形家五要全编	1函4册	880.00	九州
115 地理辨正抉要	1函1册	280.00	九州
116 地理辨正揭隐	1函1册	280.00	九州
117 地学铁骨秘	1函1册	280.00	九州
118 地理辨正发秘初稿	1函1册	280.00	九州
119 三元宅墓图	1函1册	280.00	九州

书　名	作　者	定　价	版别
120 参赞玄机地理仙婆集	2函8册	1680.00	九州
121 幕讲禅师玄空秘旨浅注外七种	1函1册	280.00	九州
122 玄空挨星图诀	1函1册	280.00	九州
123 影印稿本玄空地理筌蹄	1函1册	280.00	九州
124 玄空古义四种通释	1函2册	480.00	九州
125 地理疑义答问	1函1册	280.00	九州
126 王元极地理辨正冒禁录	1函1册	280.00	九州
127 王元极校补天元选择辨正	1函3册	680.00	九州
128 王元极选择辨真全书	1函1册	280.00	九州
129 王元极增批地理冰海原本地理冰海合刊	1函1册	280.00	九州
130 王元极三元阳宅萃篇	1函2册	480.00	九州
131 尹一勺先生地理精语	1函1册	280.00	九州
132 古本地理元真	1函2册	480.00	九州
133 杨公秘本搜地灵	1函1册	280.00	九州
134 秘藏千里眼	1函1册	280.00	九州
135 道光刊本地理或问	1函1册	280.00	九州
136 影印稿本地理秘诀	1函2册	480.00	九州
137 地理秘诀隔山照 地理括要 合刊	1函1册	280.00	九州
138 地理前后五十段	1函2册	480.00	九州
139 心耕书屋藏本地经图说	1函1册	280.00	九州
140 地理古本道法双谭	1函1册	280.00	九州
141 奇门遁甲元灵经	1函1册	280.00	九州
142 黄帝遁甲归藏大意 白猿真经 合刊	1函1册	280.00	九州
143 遁甲符应经	1函2册	480.00	九州
144 遁甲通明钤	1函1册	280.00	九州
145 景祐奇门秘纂	1函2册	480.00	九州
146 奇门先天要论	1函2册	480.00	九州
147 御定奇门古本	1函2册	480.00	九州
148 奇门吉凶格解	1函1册	280.00	九州
149 御定奇门宝鉴	1函3册	680.00	九州
150 奇门阐易	1函2册	480.00	九州
151 六壬总论	1函1册	280.00	九州
152 稿抄本大六壬翠羽歌	1函1册	280.00	九州
153 都天六壬神课	1函1册	280.00	九州
154 大六壬易简	1函2册	480.00	九州
155 太上六壬明鉴符阴经	1函1册	280.00	九州
156 增补关煞袖里金百中经	1函1册	280.00	九州
157 演禽三世相法	1函2册	480.00	九州
158 合婚便览 和合婚姻咒 合刊	1函1册	280.00	九州
159 神数十种	1函1册	280.00	九州

书　名	作　者	定　价	版别
160 神机灵数一掌经金钱课合刊	1函1册	280.00	九州
161 阴阳二宅易知录	1函2册	480.00	九州
162 阴宅镜	1函2册	480.00	九州
163 阳宅镜	1函1册	280.00	九州
164 清精抄本六圃地学	1函1册	280.00	九州
165 形峦神断书	1函1册	280.00	九州
166 堪舆三昧	1函1册	280.00	九州
167 遁甲奇门捷要	1函1册	280.00	九州
168 奇门遁甲备览	1函1册	280.00	九州
169 原传真本石室藏本圆光真传秘诀合刊	1函1册	280.00	九州
170 明抄全本壬归	1函4册	880.00	九州
171 董德彰水法秘诀水法断诀合刊	1函1册	280.00	九州
172 董德彰先生水法图说	1函1册	280.00	九州
173 董德彰先生泄天机纂要	1函2册	480.00	九州
174 李默斋先生地理秘传	1函2册	480.00	九州
175 新锓希夷陈先生紫微斗数全书	1函3册	680.00	九州
176 海源阁藏明刊麻衣相法全编	1函2册	480.00	九州
177 袁忠彻先生相法秘传	1函3册	680.00	九州
178 火珠林要旨 筮忒	1函2册	480.00	九州
179 火珠林占法秘传 续筮忒	1函1册	280.00	九州
180 六壬类聚	1函4册	880.00	九州
181 新刻麻衣相神异赋	1函1册	280.00	九州
182 诸葛武侯奇门遁甲全书	1函2册	480.00	九州
183 张九仪传地理偶摘	1函1册	280.00	九州
184 张九仪传地理偶注	1函1册	280.00	九州
185 阳宅玄珠	1函1册	280.00	九州
186 阴宅总论	1函1册	280.00	九州
187 新刻杨救贫秘传阴阳二宅便用统宗	1函1册	280.00	九州
188 增补理气图说	1函2册	480.00	九州
189 增补罗经图说	1函1册	280.00	九州
190 重镌官板阳宅大全	1函4册	880.00	九州
191 景祐太乙福应经	1函1册	280.00	九州
192 景祐遁甲符应经	1函3册	680.00	九州
193 景祐六壬神定经	1函3册	680.00	九州
194 御制禽遁符应经	1函2册	480.00	九州
195 秘传匠家鲁班经符法	1函3册	680.00	九州
196 哈佛藏本太史黄际飞注天玉经	1函1册	280.00	九州
197 李三素先生红囊经解	1函1册	280.00	九州
198 杨曾青囊天玉通义	1函1册	280.00	九州
199 重编大清钦天监焦秉贞彩绘历代推背图解	1函2册	680.00	九州

书　　名	作　者	定　价	版别
200 道光初刻相理衡真	1函4册	880.00	九州
201 新刻袁柳庄先生秘传相法	1函3册	680.00	九州
202 袁忠彻相法古今识鉴	1函2册	480.00	九州
203 袁天纲五星三命指南	1函2册	480.00	九州
204 新刻五星玉镜	1函3册	680.00	九州
205 游艺录:筮遁壬行年斗数相宅	1函1册	280.00	九州
206 新订王氏罗经透解	1函2册	480.00	九州
207 堪舆真诠	1函3册	680.00	九州
208 青囊天机奥旨二种	1函1册	280.00	九州
209 张九仪传地理偶录	1函1册	280.00	九州
210 地学形势集	1函8册	1680.00	九州
211 神相水镜集	1函4册	880.00	九州
212 稀见相学秘笈四种合刊	1函2册	480.00	九州
213 神相金较剪	1函1册	280.00	九州
214 神相证验百条	1函2册	480.00	九州
215 全本神相全编	1函3册	680.00	九州
216 神相全编正义	1函3册	680.00	九州
217 八宅明镜	1函2册	480.00	九州
218 阳宅卜居秘髓	1函3册	680.00	九州
219 地理乾坤法窍	1函3册	680.00	九州
220 秘传廖公画筴拨砂经	1函4册	880.00	九州
221 地理囊金集注	1函1册	280.00	九州
222 赤松子罗经要旨	1函1册	280.00	九州
223 萧仙地理心法堪舆经	1函2册	480.00	九州
224 新刻地理搜龙奥语	1函2册	480.00	九州
225 新刻风水珠神真经	1函2册	480.00	九州
226 寻龙点穴地理索隐	1函1册	280.00	九州
227 杨公撼龙经考注	1函2册	480.00	九州
228 李德贞秘授三元秘诀	1函1册	280.00	九州
229 地理支陇乘气论	1函2册	480.00	九州
230 道光刻全本相山撮要	2函6册	1500.00	九州
231 药王真传祝由科全编	1函1册	280.00	九州
232 梵音斗科符篆秘书	1函2册	580.00	九州
233 御定奇门灵占	1函4册	880.00	九州
234 御定奇门宝镜图	1函2册	480.00	九州
235 汇纂大六壬玉钥匙心诀	1函1册	280.00	九州
236 补完直解六壬五变中黄经	1函2册	480.00	九州
237 六壬节要直讲	1函2册	480.00	九州
238 六壬神课捷要占验	1函1册	280.00	九州
239 六壬袖传神课捷要	1函1册	280.00	九州

书　名	作　者	定　价	版别
240 秘藏大六壬大全善本	2函8册	1800.00	九州
241 阳宅藏书	1函2册	480.00	九州
242 阳宅觉元氏新书	1函1册	280.00	九州
243 阳宅拾遗	1函2册	480.00	九州
244 阳基集腋	1函2册	480.00	九州
245 阴阳二宅指正	1函2册	480.00	九州
246 九天玄妙秘书内经	1函1册	280.00	九州
247 青乌葬经葬经翼	1函1册	280.00	九州
248 阳宅六十四卦秘断	1函1册	280.00	九州
249 杨曾地理秘传捷诀	1函3册	680.00	九州
250 三元堪舆秘笈救败全书	1函4册	880.00	九州
251 纪氏地理末学	1函2册	480.00	九州
252 堪舆说原	1函1册	280.00	九州
253 河洛正变喝穴集	1函1册	280.00	九州
254 太上洞玄灵宝素灵真符	1函1册	280.00	九州
255 道家神符霉咒秘传	1函1册	280.00	九州
256 堪舆秘传六十四论记师口诀	1函2册	480.00	九州
257 相法秘笈太乙照神经	1函3册	680.00	九州
258 哈佛藏子平格局解要	1函2册	480.00	九州
259 三车一览命书详论	1函2册	480.00	九州
260 万历初刊平学大成	1函4册	880.00	九州
261 古本推背图说	1函2册	680.00	九州
262 董氏诹吉新书	1函2册	480.00	九州
263 蒋大鸿四十八局图	1函1册	280.00	九州
264 阳宅紫府宝鉴	1函2册	480.00	九州
265 宅经类纂	1函3册	680.00	九州
266 杨公画筴图	1函1册	280.00	九州
267 刘江东秘传金函经	1函1册	280.00	九州
268 茔元总录	1函2册	480.00	九州
269 纪氏奇门占验奇门遁甲要略合刊	1函1册	280.00	九州
270 奇门统宗大全	1函4册	880.00	九州
271 刘天君祛治符法秘卷	1函3册	680.00	九州
272 圣济总录祝由术全编	1函2册	480.00	九州
273 子平星学精华	1函1册	280.00	九州
274 紫微斗数命理宣微	1函1册	280.00	九州
275 火珠林卦爻精究集	1函2册	480.00	九州
276 韩图孤本奇门秘要	1函1册	280.00	九州
277 哈佛藏明抄六壬断易秘诀	1函1册	280.00	九州
278 大六壬会要全集	1函3册	680.00	九州
279 乾隆初刊六壬视斯	1函2册	480.00	九州

书　名	作　者	定　价	版别
280 精抄历代六壬占验汇选	2函6册	1280.00	九州
281 张九仪先生东湖地学	1函1册	280.00	九州
282 张九仪先生东湖砂法	1函1册	280.00	九州
283 张九仪先生东湖水法	1函1册	280.00	九州
284 姚氏地理辨正图说	1函1册	280.00	九州
285 地理辨正补注	1函2册	480.00	九州
286 地理丛谈元运发微	1函1册	280.00	九州
287 元空宅法举隅	1函1册	280.00	九州
288 平洋地理玉函经	1函1册	280.00	九州
289 元空法鉴三种	1函3册	680.00	九州
290 蒋大鸿先生地理合璧	2函7册	1480.00	九州
291 新刊地理五经图解	1函3册	680.00	九州
292 三元地理辨惑	1函1册	280.00	九州
293 风水内传秘旨	1函1册	280.00	九州
294 杜氏地理图说	1函2册	480.00	九州
295 地学仁孝必读	1函5册	1080.00	九州
296 地理秘珍	1函2册	480.00	九州
297 秘传四课仙机水法	1函1册	280.00	九州
298 地理辨正图诀	1函1册	280.00	九州
299 灵城精义笺	1函1册	280.00	九州
300 仰山子新辑地理条贯	2函6册	1280.00	九州
301 秘传堪舆经传类纂	1函1册	280.00	九州
302 秘传堪舆论状类纂	1函1册	280.00	九州
303 秘传堪舆秘书类纂	1函1册	280.00	九州
304 秘传堪舆诗赋歌诀类纂	1函2册	480.00	九州
305 秘传堪舆问答类纂	1函1册	280.00	九州
306 秘传堪舆杂录类纂	1函2册	480.00	九州
307 秘传堪舆辨惑类纂	1函1册	280.00	九州
308 秘传堪舆断诀类纂	1函1册	280.00	九州
309 秘传堪舆穴法类纂	1函1册	280.00	九州
310 秘传堪舆葬法类纂	1函1册	280.00	九州
311 大六壬兵占三种	1函2册	480.00	九州
312 大六壬秘书四种	1函2册	480.00	九州
313 大六壬毕法注解	1函1册	280.00	九州
314 大六壬课体订讹	1函1册	280.00	九州
315 大六壬类占	1函2册	480.00	九州
316 大六壬全编	1函2册	480.00	九州
317 大六壬杂释	1函1册	280.00	九州
318 大六壬心镜	1函2册	480.00	九州
319 六壬灵课玉洞金书	1函1册	280.00	九州

书　名	作　者	定　价	版别
320 六壬通仙	1函4册	880.00	九州
321 五种秘窍全书－1－地理秘窍	1函1册	280.00	九州
322 五种秘窍全书－2－选择秘窍	1函4册	880.00	九州
323 五种秘窍全书－3－天星秘窍	1函1册	280.00	九州
324 五种秘窍全书－4－罗经秘窍	1函4册	880.00	九州
325 五种秘窍全书－5－奇门秘窍	1函2册	480.00	九州
326 新编杨曾地理家传心法捷诀一贯堪舆	2函8册	1780.00	九州
327 玉函铜函真经阴阳剪裁图注	1函3册	680.00	九州
328 新刻石函平砂玉尺经全书	1函2册	480.00	九州
329 三元通天照水经	1函2册	480.00	九州
330 堪舆经书	1函5册	1080.00	九州
331 神相汇编	1函2册	480.00	九州
332 管辂神相秘传	1函1册	280.00	九州
333 冰鉴秘本七篇月波洞中记合刊	1函1册	280.00	九州
334 太清神鉴录	1函2册	480.00	九州
335 新刊京本厘正总括天机星学正传	2函10册	2180.00	九州
336 新监七政归垣司台历数袖里璇玑	1函4册	880.00	九州
337 道藏古本紫微斗数	1函2册	480.00	九州
338 增补诸家选择万全玉匣记	1函2册	480.00	九州
339 杨公造命要诀	1函1册	280.00	九州
340 造命宗镜	1函6册	1280.00	九州
341 上清灵宝济度金书符咒大成	2函9册	1980.00	九州
342 青城山铜板祝由十三科	1函2册	480.00	九州
343 抄本祝由科别传	1函1册	280.00	九州
344 遁甲演义	1函2册	480.00	九州
345 武侯奇门遁甲玄机赋	1函1册	280.00	九州
346 北法变化禽书	1函1册	280.00	九州
347 卜筮全书	1函6册	1280.00	九州
348 卜筮正宗	1函4册	880.00	九州
349 易隐	1函4册	880.00	九州
350 野鹤老人占卜全书	1函5册	1280.00	九州
351 地理会心集	1函2册	480.00	九州
352 罗经会心集	1函2册	480.00	九州
353 阳宅会心集	1函1册	280.00	九州
354 秘传图注龙经全集	1函3册	680.00	九州
355 地理精微集	1函2册	480.00	九州
356 地理拾铅峦头理气合编	1函2册	480.00	九州
357 萧客真诀	1函1册	280.00	九州
358 地理铁案	1函2册	480.00	九州
359 秘传四神课书仙机消纳水法	1函2册	480.00	九州

书 名	作 者	定 价	版别
360 蒋大鸿先生地理真诠	2函7册	1480.00	九州
361 蒋大鸿仙诀小引	1函1册	280.00	九州
362 管氏地理指蒙	1函1册	280.00	九州
363 原本山洋指迷	1函2册	480.00	九州
364 形家集要	1函1册	280.00	九州
365 重镌地理天机会元	3函15册	3080.00	九州
366 地理方外别传	1函2册	480.00	九州
367 堪舆至秘旅寓集	1函1册	280.00	九州
368 堪舆管见	1函1册	280.00	九州
369 四神秘诀	1函2册	480.00	九州
370 地理辨正补	1函3册	680.00	九州
371 金书秘奥地理一片金合刊	1函1册	280.00	九州
372 阳宅玉髓真经阴宅制煞秘法合刊	1函1册	280.00	九州
373 堪舆至秘旅寓集 堪舆秘传	1函1册	280.00	九州
374 地学杂钞连珠水法合刊	1函1册	280.00	九州
375 黄妙应仙师五星仙机制化砂法	1函2册	480.00	九州
376 造葬便览	1函1册	280.00	九州
377 大六壬秘本	1函2册	480.00	九州
378 太乙统类	1函1册	280.00	九州
379 新雕注疏珞琭子三命消息赋	1函1册	280.00	九州
380 新编四家注解经进珞琭子消息赋	1函2册	480.00	九州
381 清代民间实用灵符汇编	1函2册	680.00	九州
382 王国维批校宋本焦氏易林	1函2册	480.00	九州
383 新刊应验天机易卦通神	1函1册	280.00	九州
384 新镌周易数	1函5册	1080.00	九州
增补四库青乌辑要[,全18函59册]	郑同校	11680.00	九州
第1种:宅经[1册]	[署]黄帝撰	180.00	九州
第2种:葬书[1册]	[晋]郭璞撰	220.00	九州
第3种:青囊序青囊奥语天玉经[1册]	[唐]杨筠松撰	220.00	九州
第4种:黄囊经[1册]	[唐]杨筠松撰	220.00	九州
第5种:黑囊经[2册]	[唐]杨筠松撰	380.00	九州
第6种:锦囊经[1册]	[晋]郭璞撰	200.00	九州
第7种:天机贯旨红囊经[2册]	[清]李三素撰	380.00	九州
第8种:玉函天机素书/至宝经[1册]	[明]董德彰撰	200.00	九州
第9种:天机一贯[2册]	[清]李三素撰辑	380.00	九州
第10种:撼龙经[1册]	[唐]杨筠松撰	200.00	九州
第11种:疑龙经葬法倒杖[1册]	[唐]杨筠松撰	220.00	九州
第12种:疑龙经辨正[1册]	[唐]杨筠松撰	200.00	九州
第13种:寻龙记太华经[1册]	[唐]曾文迪撰	220.00	九州
第14种:宅谱要典[2册]	[清]铣溪野人校	380.00	九州

书　　　名	作　者	定　价	版别
第15种:阳宅必用[2册]	心灯大师校订	380.00	九州
第16种:阳宅撮要[2册]	[清]吴鼒撰	380.00	九州
第17种:阳宅正宗[1册]	[清]姚承舆撰	200.00	九州
第18种:阳宅指掌[2册]	[清]黄海山人撰	380.00	九州
第19种:相宅新编[1册]	[清]焦循校刊	240.00	九州
第20种:阳宅井明[2册]	[清]邓颖出撰	380.00	九州
第21种:阴宅井明[1册]	[清]邓颖出撰	220.00	九州
第22种:灵城精义[2册]	[南唐]何溥撰	380.00	九州
第23种:龙穴砂水说[1册]	清抄秘本	180.00	九州
第24种:三元水法秘诀[2册]	清抄秘本	380.00	九州
第25种:罗经秘传[2册]	[清]傅禹辑	380.00	九州
第26种:穿山透地真传[2册]	[清]张九仪撰	380.00	九州
第27种:催官篇发微论[2册]	[宋]赖文俊撰	380.00	九州
第28种:人地眼神断要诀[2册]	清抄秘本	380.00	九州
第29种:玄空大卦秘断[1册]	清抄秘本	200.00	九州
第30种:玄空大五行真传口诀[1册]	[明]蒋大鸿等撰	220.00	九州
第31种:杨曾九宫颠倒打劫图说[1册]	[唐]杨筠松撰	200.00	九州
第32种:乌兔经奇验经[1册]	[唐]杨筠松撰	180.00	九州
第33种:挨星考注[1册]	[清]汪董缘订定	260.00	九州
第34种:地理挨星说汇要[1册]	[明]蒋大鸿撰辑	220.00	九州
第35种:地理捷诀[1册]	[清]傅禹辑	200.00	九州
第36种:地理三仙秘旨[1册]	清抄秘本	200.00	九州
第37种:地理三字经[3册]	[清]程思乐撰	580.00	九州
第38种:地理雪心赋注解[2册]	[唐]卜则巍撰	380.00	九州
第39种:蒋公天元余义[1册]	[明]蒋大鸿等撰	220.00	九州
第40种:地理真传秘旨[3册]	[唐]杨筠松撰	580.00	九州
增补四库未收方术汇刊第一辑(全28函)	线装影印本	11800.00	九州
第一辑01函:火珠林·卜筮正宗	[宋]麻衣道者著	340.00	九州
第一辑02函:全本增删卜易·增删卜易真诠	[清]野鹤老人撰	720.00	九州
第一辑03函:渊海子平音义评注·子平真诠·命理易知	[明]杨淙增校	360.00	九州
第一辑04函:滴天髓·附滴天秘诀·穷通宝鉴·附月谈赋	[宋]京图撰	360.00	九州
第一辑05函:参星秘要谙吉便览·玉函斗首三台通书·精校三元总录	[清]俞荣宽撰	460.00	九州
第一辑06函:陈子性藏书	[清]陈应选撰	580.00	九州
第一辑07函:崇正辟谬永吉通书·选择求真	[清]李奉来辑	500.00	九州
第一辑08函:增补选择通书玉匣记·永宁通书	[晋]许逊撰	400.00	九州
第一辑09函:新增阳宅爱众篇	[清]张觉正撰	480.00	九州
第一辑10函:地理四弹子·地理铅弹子砂水要诀	[清]张九仪注	340.00	九州
第一辑11函:地理五诀	[清]赵九峰著	200.00	九州

书　名	作　者	定　价	版别
第一辑12函:地理直指原真	[清]释如玉撰	280.00	九州
第一辑13函:宫藏真本入地眼全书	[宋]释静道著	680.00	九州
第一辑14函:罗经顶门针·罗经解定·罗经透解	[明]徐之镆撰	360.00	九州
第一辑15函:校正详图青囊经·平砂玉尺经·地理辨正疏	[清]王宗臣著	300.00	九州
第一辑16函:一贯堪舆	[明]唐世友辑	240.00	九州
第一辑17函:阳宅大全·阳宅十书	[明]一壑居士集	600.00	九州
第一辑18函:阳宅大成五种	[清]魏青江撰	600.00	九州
第一辑19函:奇门五总龟·奇门遁甲统宗大全·奇门遁甲元灵经	[明]池纪撰	500.00	九州
第一辑20函:奇门遁甲秘笈全书	[明]刘伯温辑	280.00	九州
第一辑21函:奇门庐中阐秘	[汉]诸葛武侯撰	600.00	九州
第一辑22函:奇门遁甲元机太乙秘书六壬大占	[宋]岳珂纂辑	360.00	九州
第一辑23函:性命圭旨	[明]尹真人撰	480.00	九州
第一辑24函:紫微斗数全书	[宋]陈抟撰	200.00	九州
第一辑25函:千镇百镇桃花镇	[清]云石道人校	220.00	九州
第一辑26函:清抄真本祝由科秘诀全书·轩辕碑记医学祝由十三科	[上古]黄帝传	800.00	九州
第一辑27函:增补秘传万法归宗	[唐]李淳风撰	160.00	九州
第一辑28函:神机灵数一掌经金钱课·牙牌神数七种·珍本演禽三世相法	[清]诚文信校	440.00	九州
增补四库未收方术汇刊第二辑(全36函)	线装影印本	13800.00	九州
第二辑第1函:六爻断易一撮金·卜易秘诀海底眼	[宋]邵雍撰	200.00	九州
第二辑第2函:秘传子平渊源	燕山郑同校辑	280.00	九州
第二辑第3函:命理探原	[清]袁树珊撰	280.00	九州
第二辑第4函:命理正宗	[明]张楠撰集	180.00	九州
第二辑第5函:造化玄钥	庄圆校补	220.00	九州
第二辑第6函:命理寻源·子平管见	[清]徐乐吾撰	280.00	九州
第二辑第7函:京本风鉴相法	[明]回阳子校辑	380.00	九州
第二辑第8—9函:钦定协纪辨方书8册	[清]允禄编	780.00	九州
第二辑第10—11函:鳌头通书10册	[明]熊宗立撰辑	880.00	九州
第二辑第12—13函:象吉通书	[清]魏明远撰辑	1080.00	九州
第二辑第14函:选择宗镜·选择纪要	[朝鲜]南秉吉撰	360.00	九州
第二辑第15函:选择正宗	[清]顾宗秀撰辑	480.00	九州
第二辑第16函:仪度六壬选日要诀	[清]张九仪撰	680.00	九州
第二辑第17函:葬事择日法	郑同校辑	280.00	九州
第二辑第18函:地理不求人	[清]吴明初撰辑	240.00	九州
第二辑第19函:地理大成一:山法全书	[清]叶九升撰	680.00	九州
第二辑第20函:地理大成二:平阳全书	[清]叶九升撰	360.00	九州
第二辑第21函:地理大成三:地理六经注·地理大成四:罗经指南拨雾集·地理大成五:理气四诀	[清]叶九升撰	300.00	九州
第二辑第22函:地理录要	[明]蒋大鸿撰	480.00	九州
第二辑第23函:地理人子须知	[明]徐善继撰	480.00	九州

书　　名	作　者	定　价	版别
第二辑第24函:地理四秘全书	[清]尹一勺撰	380.00	九州
第二辑第25－26函:地理天机会元	[明]顾陵冈辑	1080.00	九州
第二辑第27函:地理正宗	[清]蒋宗城校订	280.00	九州
第二辑第28函:全图鲁班经	[明]午荣编	280.00	九州
第二辑第29函:秘传水龙经	[明]蒋大鸿撰	480.00	九州
第二辑第30函:阳宅集成	[清]姚廷銮纂	480.00	九州
第二辑第31函:阴宅集要	[清]姚廷銮纂	240.00	九州
第二辑第32函:辰州符咒大全	[清]觉玄子辑	480.00	九州
第二辑第33函:三元镇宅灵符秘篆·太上洞玄祛病灵符全书	[明]张宇初编	240.00	九州
第二辑第34函:太上混元祈福解灾三部神符	[明]张宇初编	360.00	九州
第二辑第35函:测字秘牒·先天易数·冲天易数/马前课	[清]程省撰	360.00	九州
第二辑第36函:秘传紫微	古朝鲜抄本	240.00	九州
子部善本1:新刊地理玄珠	精装古本影印	380.00	华龄
子部善本2:参赞玄机地理仙婆集	精装古本影印	380.00	华龄
子部善本3:章仲山地理九种(上下)	精装古本影印	760.00	华龄
子部善本4:八门九星阴阳二遁全本奇门断	精装古本影印	760.00	华龄
子部善本5:六壬统宗大全	精装古本影印	380.00	华龄
子部善本6:太乙统宗宝鉴	精装古本影印	380.00	华龄
子部善本7:重刊星海词林(全五册)	精装古本影印	1900.00	华龄
子部善本8:万历初刻三命通会(上下)	精装古本影印	760.00	华龄
子部善本9:增广沈氏玄空学(上下)	精装古本影印	760.00	华龄
子部善本10:江公择日秘稿	精装古本影印	380.00	华龄
子部善本11:刘氏家藏阐微通书(上下)	精装古本影印	760.00	华龄
子部善本12:影印增补高岛易断(上下)	精装古本影印	760.00	华龄
子部善本13:清刻足本铁板神数	精装古本影印	380.00	华龄
子部善本14:增订天官五星集腋(上下)	精装古本影印	760.00	华龄
子部善本15:太乙奇门六壬兵备统宗(上中下)	精装古本影印	1140.00	华龄
子部善本16:御定景祐奇门大全(上下)	精装古本影印	760.00	华龄
子部善本17:地理四秘全书十二种	精装古本影印	380.00	华龄
子部善本18:全本地理统一全书	精装古本影印	380.00	华龄
子部善本19:廖公画策扒砂经(上下)	精装古本影印	760.00	华龄
子部善本20:明刊玉髓真经(上下)	精装古本影印	760.00	华龄
子部善本21:蒋大鸿家藏地学捷旨	精装古本影印	380.00	华龄
子部善本22:阳宅安居金镜(上下)	精装古本影印	760.00	华龄
子部善本23:新刊地理紫囊书(上下)	精装古本影印	760.00	华龄
子部善本24:地理大成五种(上下)	精装古本影印	760.00	华龄
子部善本25:初刻鳌头通书大全(上中下)	精装古本影印	1140.00	华龄
子部善本26:初刻象吉备要通书大全(上中下)	精装古本影印	1140.00	华龄
子部善本27:武英殿板钦定协纪辨方书(上下)	精装古本影印	760.00	华龄
子部善本28:初刻陈子性藏书(上下)	精装古本影印	760.00	华龄

书　名	作者	定价	版别
子平遗书第1辑(批命案例集甲子至戊辰全三册)	精装古本影印	980.00	华龄
子平遗书第2辑(批命案例集庚午至甲戌全三册)	精装古本影印	980.00	华龄
子平遗书第3辑(批命案例集乙亥至戊子全三册)	精装古本影印	980.00	华龄
子平遗书第4辑(批命案例集庚寅至庚子全三册)	精装古本影印	980.00	华龄
子平遗书第5辑(批命案例集辛丑至癸丑全三册)	精装古本影印	980.00	华龄
子平遗书第6辑(批命案例集壬寅至辛酉全三册)	精装古本影印	980.00	华龄
风水择吉第一书:辨方(简体精装)	李明清著	168.00	华龄
珞琭子三命消息赋古注通疏(精装上下)	一明注疏	188.00	华龄
增补高岛易断(简体横排精装上下)	(清)王治本编译	198.00	华龄
中国古代术数基础理论(精装1函5册)	刘昌易著	495.00	团结
飞盘奇门:鸣法体系校释(精装上下)	刘金亮撰	198.00	九州
白话高岛易断(上下)	孙正治孙奥麟译	128.00	九州
润德堂丛书全编1:述卜筮星相学	袁树珊著	38.00	华龄
润德堂丛书全编2:命理探原	袁树珊著	38.00	华龄
润德堂丛书全编3:命谱	袁树珊著	68.00	华龄
润德堂丛书全编4:大六壬探原 养生三要	袁树珊著	38.00	华龄
润德堂丛书全编5:中西相人探原	袁树珊著	38.00	华龄
润德堂丛书全编6:选吉探原 八字万年历	袁树珊著	38.00	华龄
润德堂丛书全编7:中国历代卜人传(上中下)	袁树珊著	168.00	华龄
三式汇刊1:大六壬口诀纂	[明]林昌长辑	68.00	华龄
三式汇刊2:大六壬集应钤	[明]黄宾廷撰	198.00	华龄
三式汇刊3:奇门大全秘纂	[清]湖海居士撰	68.00	华龄
三式汇刊4:大六壬总归	[宋]郭子晟撰	58.00	华龄
三式汇刊5:大六壬心镜	[唐]徐道符辑	48.00	华龄
三式汇刊6:壬窍	[清]无无野人撰	48.00	华龄
青囊汇刊1:青囊秘要	[晋]郭璞等撰	48.00	华龄
青囊汇刊2:青囊海角经	[晋]郭璞等撰	48.00	华龄
青囊汇刊3:阳宅十书	[明]王君荣撰	48.00	华龄
青囊汇刊4:秘传水龙经	[明]蒋大鸿撰	68.00	华龄
青囊汇刊5:管氏地理指蒙	[三国]管辂撰	48.00	华龄
青囊汇刊6:地理山洋指迷	[明]周景一撰	32.00	华龄
青囊汇刊7:地学答问	[清]魏清江撰	58.00	华龄
青囊汇刊8:地理铅弹子砂水要诀	[清]张九仪撰	68.00	华龄
青囊汇刊9:地理唛蔗录	[清]袁守定著	48.00	华龄
青囊汇刊10:八宅明镜	[清]箬冠道人编	48.00	华龄
青囊汇刊11:罗经透解	[清]王道亨著	58.00	华龄
青囊汇刊12:阳宅三要	[清]赵玉材撰	48.00	华龄
青囊汇刊13:一贯堪舆(上下)	[明]唐世友辑	108.00	华龄
青囊汇刊14:地理辨证图诀直解	[唐]杨筠松著	58.00	华龄
青囊汇刊15:地理雪心赋集解	[唐]卜应天著	58.00	华龄
青囊汇刊16:四神秘诀	[元]董德彰撰	58.00	华龄

书　　名	作　者	定　价	版别
子平汇刊1:渊海子平大全	[宋]徐子平撰	48.00	华龄
子平汇刊2:秘本子平真诠	[清]沈孝瞻撰	38.00	华龄
子平汇刊3:命理金鉴	[清]志于道撰	38.00	华龄
子平汇刊4:秘授滴天髓阐微	[清]任铁樵注	48.00	华龄
子平汇刊5:穷通宝鉴评注	[清]徐乐吾注	48.00	华龄
子平汇刊6:神峰通考命理正宗	[明]张楠撰	38.00	华龄
子平汇刊7:新校命理探原	[清]袁树珊撰	48.00	华龄
子平汇刊8:重校绘图袁氏命谱	[清]袁树珊撰	68.00	华龄
子平汇刊9:增广汇校三命通会(全三册)	[明]万民英撰	168.00	华龄
纳甲汇刊1:校正全本增删卜易	郑同点校	68.00	华龄
纳甲汇刊2:校正全本卜筮正宗	郑同点校	48.00	华龄
纳甲汇刊3:校正全本易隐	郑同点校	48.00	华龄
纳甲汇刊4:校正全本易冒	郑同点校	48.00	华龄
纳甲汇刊5:校正全本易林补遗	郑同点校	38.00	华龄
纳甲汇刊6:校正全本卜筮全书	郑同点校	68.00	华龄
纳甲汇刊7:火珠林注疏	刘恒注解	48.00	华龄
古今图书集成术数丛刊:卜筮(全二册)	[清]陈梦雷辑	80.00	华龄
古今图书集成术数丛刊:堪舆(全二册)	[清]陈梦雷辑	120.00	华龄
古今图书集成术数丛刊:相术(全一册)	[清]陈梦雷辑	60.00	华龄
古今图书集成术数丛刊:选择(全一册)	[清]陈梦雷辑	50.00	华龄
古今图书集成术数丛刊:星命(全三册)	[清]陈梦雷辑	180.00	华龄
古今图书集成术数丛刊:术数(全三册)	[清]陈梦雷辑	200.00	华龄
四库全书术数初集(全四册)	郑同点校	200.00	华龄
四库全书术数二集(全三册)	郑同点校	150.00	华龄
四库全书术数三集:钦定协纪辨方书(全二册)	郑同点校	98.00	华龄
增广沈氏玄空学	郑同点校	68.00	华龄
地理点穴撼龙经	郑同点校	32.00	华龄
绘图地理人子须知(上下)	郑同点校	78.00	华龄
玉函通秘	郑同点校	48.00	华龄
绘图入地眼全书	郑同点校	28.00	华龄
绘图地理五诀	郑同点校	48.00	华龄
一本书弄懂风水	郑同著	48.00	华龄
风水罗盘全解	傅洪光著	58.00	华龄
堪舆精论	胡一鸣著	29.80	华龄
堪舆的秘密	宝通著	36.00	华龄
中国风水学初探	曾涌哲	58.00	华龄
全息太乙(修订版)	李德润著	68.00	华龄
时空太乙(修订版)	李德润著	68.00	华龄
故宫珍本六壬三书(上下)	张越点校	128.00	华龄
大六壬通解(全三册)	叶飘然著	168.00	华龄

书　　名	作　者	定　价	版别
壬占汇选(精抄历代六壬占验汇选)	肖岱宗点校	48.00	华龄
大六壬指南	郑同点校	28.00	华龄
六壬金口诀指玄	郑同点校	28.00	华龄
大六壬寻源编[全三册]	[清]周螭辑录	180.00	华龄
六壬辨疑　毕法案录	郑同点校	32.00	华龄
大六壬断案疏证	刘科乐著	58.00	华龄
六壬时空	刘科乐著	68.00	华龄
御定奇门宝鉴	郑同点校	58.00	华龄
御定奇门阳遁九局	郑同点校	78.00	华龄
御定奇门阴遁九局	郑同点校	78.00	华龄
奇门秘占合编:奇门庐中阐秘·四季开门	[汉]诸葛亮撰	68.00	华龄
奇门探索录	郑同编订	38.00	华龄
奇门遁甲秘笈大全	郑同点校	48.00	华龄
奇门旨归	郑同点校	48.00	华龄
奇门法窍	[清]锡孟樨撰	48.00	华龄
奇门精粹——奇门遁甲典籍大全	郑同点校	68.00	华龄
御定子平	郑同点校	48.00	华龄
增补星平会海全书	郑同点校	68.00	华龄
五行精纪:命理通考五行渊微	郑同点校	38.00	华龄
绘图三元总录	郑同编校	48.00	华龄
绘图全本玉匣记	郑同编校	32.00	华龄
周易初步:易学基础知识36讲	张绍金著	32.00	华龄
周易与中医养生:医易心法	成铁智著	32.00	华龄
增广梅花易数(精装)	刘恒注	98.00	华龄
梅花心易阐微	[清]杨体仁撰	48.00	华龄
梅花心易疏证	杨波著	48.00	华龄
梅花易数讲义	郑同著	58.00	华龄
白话梅花易数	郑同编著	30.00	华龄
梅花周易数全集	郑同点校	58.00	华龄
梅花易数	[宋]邵雍撰	28.00	九州
梅花易数(大字本)	[宋]邵雍撰	39.00	九州
河洛理数	[宋]邵雍述	48.00	九州
一本书读懂易经	郑同著	38.00	华龄
白话易经	郑同编著	38.00	华龄
知易术数学:开启术数之门	赵知易著	48.00	华龄
术数入门——奇门遁甲与京氏易学	王居恭著	48.00	华龄
周易虞氏义笺订(上下)	[清]李翊灼校订	78.00	九州
阴阳五要奇书	[晋]郭璞撰	88.00	九州
壬奇要略(全5册:大六壬集应钤3册,大六壬口诀纂1册,御定奇门秘纂1册)	肖岱宗郑同点校	300.00	九州

19

书　　名	作　者	定　价	版别
周易明义	邸勇强著	73.00	九州
论语明义	邸勇强著	37.00	九州
中国风水史	傅洪光撰	32.00	九州
古本催官篇集注	李佳明校注	48.00	九州
鲁班经讲义	傅洪光著	48.00	九州
天星姓名学	侯景波著	38.00	燕山
解梦书	郑同、傅洪光著	58.00	燕山
命理精论（精装繁体竖排）	胡一鸣著	128.00	燕山
辨方（繁体横排）	张明清著	236.00	星易
古易旁通	刘子扬著	320.00	星易
四柱预测机缄通	明理著	300.00	星易
奇门万年历	刘恒著	58.00	资料
图解新编中医四大名著:温病条辨	周重建、郭号	68.00	天津
图解新编中医四大名著:伤寒论	周重建、郭号	68.00	天津
图解新编中医四大名著:黄帝内经	周重建、郭号	68.00	天津
图解新编中医四大名著:金匮要略	周重建、郭号	68.00	天津
中药学药物速认速查小红书（精装64开）	周重建	88.00	天津
国家药典药物速认速查小红书（精装64开）	高楠楠	88.00	天津
神农本草经（1函1册）	宣纸线装	380.00	海南
黄帝内经素问灵枢（影宋本2函9册）	宣纸线装	3980.00	海南
仲景全书（影宋本2函8册）	宣纸线装	3980.00	海南
王翰林集注八十一难经（1函3册）	宣纸线装	1280.00	海南
菩提叶彩绘明内宫写本金刚经（1函1册）	宣纸线装	480.00	文物
故宫旧藏宋刊妙法莲华经（1函3册）	宣纸线装	900.00	文物
铁琴铜剑楼藏钱氏述古堂抄营造法式（1函8册）	宣纸线装	2800.00	文物
唐楷道德经（通行本全1函1册）	宣纸线装	380.00	文物
通志堂经解（全138种600册）	宣纸线装	36万	文物
影印文明书局藏善本文献集成	精装60种	12800.00	九州

周易书斋是国内最大的提供易学术数类图书邮购服务的专业书店，成立于2001年，现有易学及术数类图书现货6000余种，在海内外易学研究者中有着巨大的影响力。

1、学易斋官方旗舰店网址：xyz888.jd.com 微信号：xyz15116975533
2、联系人：王兰梅 电话：15652026606，15116975533
3、邮购费用固定，不论册数多少，每单收费7元。
4、银行汇款：户名：**王兰梅**。
　　邮政：601006359200109796 农行：6228480010308994218
　　工行：0200299001020728724 建行：1100579980130074603
　　交行：6222600910053875983 支付宝：13716780854
5、QQ：（周易书斋2）2839202242；QQ群：（周易书斋书友会）140125362。

北京周易书斋敬启